Treinamento funcional para mulheres

Instituto Phorte Educação
Phorte Editora

Diretor-Presidente
Fabio Mazzonetto

Diretora Financeira
Vânia M. V. Mazzonetto

Editor-Executivo
Fabio Mazzonetto

Diretora Administrativa
Elizabeth Toscanelli

Conselho Editorial

Educação Física
Francisco Navarro
José Irineu Gorla
Paulo Roberto de Oliveira
Reury Frank Bacurau
Roberto Simão
Sandra Matsudo

Educação
Marcos Neira
Neli Garcia

Fisioterapia
Paulo Valle

Nutrição
Vanessa Coutinho

Luis Cláudio Bossi

Treinamento funcional para mulheres
POTÊNCIA, FORÇA, RESISTÊNCIA E AGILIDADE

São Paulo, 2014

Treinamento funcional para mulheres: potência, força, resistência e agilidade
Copyright © 2014 by Phorte Editora

Rua Treze de Maio, 596
Bela Vista – São Paulo – SP
CEP: 01327-000
Tel./fax: (11) 3141-1033
Site: www.phorte.com.br
E-mail: phorte@phorte.com.br

Nenhuma parte deste livro pode ser reproduzida ou transmitida de qualquer forma ou por qualquer meio, sem autorização prévia por escrito da Phorte Editora Ltda.

CIP-BRASIL. CATALOGAÇÃO-NA-FONTE
SINDICATO NACIONAL DOS EDITORES DE LIVROS, RJ

B757t

    Bossi, Luis Cláudio
    Treinamento funcional para mulheres : potência, força, resistência e agilidade / Luis Cláudio Bossi. – 1. ed. – São Paulo : Phorte, 2014.
    176 p. : il.; 23 cm.

    Inclui bibliografia
    ISBN 978-85-7655-505-6

    1. Musculação. 2. Exercícios físicos para mulheres. 3. Treinamento com pesos – Aspectos fisiológicos. I. Título.

14-13102   CDD: 613.71
                              CDU: 613.71

ph2166.1

Este livro foi avaliado e aprovado pelo Conselho Editorial da Phorte Editora.
(www.phorte.com.br/conselho_editorial.php)

Impresso no Brasil
Printed in Brazil

Luiza, acredito que pessoas possuem luz. Você me guia nos dias escuros e brilha muito mais nos dias lindos de sol. E toda essa luz aumenta a cada dia depois de você ter me dado meus dois filhos lindos. Você me faz evoluir com seu companheirismo, amizade e amor. "Por onde for quero ser seu par".

Dedico esta obra aos meus filhos Cauê e Lana, que me fizeram atingir, sentir, ver e ser pai, e curtir a vida e a minha família. Amo muito vocês!

Aos meus pais, Drauzio e Leda, aos meus irmãos, Rosana, David e Samuel, e às minhas sobrinhas, Giulianna e Brenda, por serem pilares que ajudaram a minha vida a se estruturar com caráter e humildade.

Agradecimentos

A Deus, por me permitir fazer o que amo quase sempre na presença de pessoas fantásticas, dividindo cursos, aulas e palestras.

À turma da organização e aos alunos. Todos vocês são sensacionais! Obrigado por tudo.

Ao Cauê e ao Charles por acreditarem no meu trabalho e me honrarem com a apresentação e o prefácio desta obra.

Aos professores Paulino, Batta, Roberio (*in memoriam*), Débora, Arthur de Paiva, Michelle, Alexandre, Rosana Rosa, Pablo, Samuel, Alisson, Guilherme, Beth, Andrea, Arten, Vicchiatti, Denise, Artur Monteiro, Paulo Roberto, Miguel, Armando Forteza, Alexandre Evangelista, Dilmar, Charles, Mario Pozzi, Aoki, Augusto, Guida, Renor, João Nunes, Aldari, Ney, Fabiano, Erica Verderi, Joziane, Leandro, Antonio Carlos, Bernardo, Carnevalli, Abdallah, Andre Nessi, Erica Zago, Oslei, Charro, Gerson, Dani, Macaé, Eunice, Miriam, Alexandre

Rocha, Cauê, Conssenza, Carnaval, Nino, Fabrício, Galdino, Denis, Betinha, Paçoca, Fernando, Kauê, Paulo, Wallace, Rolando, Felipe, Autran, Filipe, Anchieta, Apollo, Fernando, George, Rigolin, Luiz Henrique, Leiri, Norberto, Paulo Cortez, Paulo Bassul, Ronaldo, Mauricio, Newton, Carlinhos, Amorim, Rodolfo, Chicão, Naor, Ricardo, Leonardo, Rodrigo, Calixto, Bruno, Victor, Aline, Jessica, Gustavo, Gabriela, Daniela, Marcela, Marina, Diego, Val, Meire e Kiko. Meu muito obrigado pela amizade e pelo convívio.

Aos alunos da UniFAE e das pós-graduações UGF, ENAF, FMU e CEAFI, Estácio de Sá, Fitness Mais e dos cursos de extensão, pelas dúvidas, pelas críticas e pelo entusiasmo.

A toda a turma da Phorte Editora, principalmente Fabio Mazzonetto, Beth, Cida, Priscila, Washington, Gerson, Luciana, Henrique, Clécio (Alemão), Felipe, Valério, Fernanda, Liris, Bruno, Cida Bussolotti, Ronaldo, Márcio, Gabriela, Neili, Vanessa, Évelin, Douglas, Ricardo, D. Antonia, Joaquim e todos os outros pela força e amizade.

Ao Junior, Alaide, Leonardo e a toda a galera da Central de Cursos, pelo convívio e pela confiança.

Ao José Luiz, da Tonus Fitness Equipment, pela amizade e pela credibilidade.

Às modelos Verônica, Ana Luíza e Luíza, pelas fotos e pela paciência; e à Jessica, Aline e Michele, pelas fotos anteriores e pela compreensão.

Aos meus clientes e ex-clientes de que fui *personal trainer*.

Ao Custódio, do Colégio Objetivo; à Sociedade Esportiva Sanjoanense; à FEUC e a tantas academias por que passei, por me abrirem as portas da Educação Física.

Apresentação

Fui apresentado ao trabalho de Luis Cláudio Bossi na ocasião em que li um de seus livros. Naquele momento, tornei-me fã do "profissional" Luis e, como um bom amante de musculação, não pude deixar de me tornar leitor assíduo de suas demais publicações.

Passados alguns meses, tive o prazer de conhecê-lo pessoalmente durante um congresso em que ministrávamos cursos. Após pouco tempo de convivência em congressos e eventos da área, tornei-me também fã da "pessoa" Luis.

Hoje, fui coroado com o convite para escrever a apresentação de sua nova contribuição para a literatura: o livro *Treinamento funcional para mulheres: potência, força, resistência e agilidade*.

De uma forma clara e objetiva, Luis apresenta todas as informações necessárias para o desenvolvimento de um programa estruturado de treinamento funcional para o público feminino, explorando conceitos fisiológicos e metodológicos essenciais baseados em referências atuais. Além do conteúdo teórico fortemente embasado, o autor viabiliza a possibilidade de aplicação prática imediata, exemplificando com exercícios e com modelos de periodização aplicados ao treinamento funcional.

Dessa forma, temos preenchida uma importante lacuna da literatura específica, que carece de uma obra especial sobre o tema.

Convido todos, profissionais, praticantes e admiradores do treinamento funcional e do exercício físico, a mergulhar nas páginas que se seguem e a desfrutar de suas possibilidades.

Professor mestre Cauê V. La Scala Teixeira

Prefácio

Esta obra traz em seu corpo um tema que sempre chamou a atenção dos profissionais envolvidos com o mundo do fitness. O professor Luis Cláudio Bossi possui vasta experiência com atletas e com o ambiente de academia, o que propiciou a elaboração de uma obra com ótimo conteúdo de aplicação prática, para ser utilizada por profissionais que trabalham com treinamento funcional.

É de grande relevância a publicação de uma obra como esta, que aborda, de maneira prática, os pressupostos teóricos, da Teoria do Treinamento às manifestações de sua prática em ambiente esportivo. A ousadia do professor Bossi, companheiro na caminhada da Ciência dos Esportes, traduz a necessidade e a função essencial da ciência que se faz aplicada. Felicito o autor pelo movimento que certamente esta obra provocará no âmbito da aplicação prática do treinamento funcional feminino.

Neste livro, o professor Bossi também apresenta um modelo prático de periodização do treinamento de força, utilizando as bases pedagógicas do professor Forteza, que possibilita a aplicação do modelo em vários segmentos na área de treinamento.

O conteúdo deste livro auxiliará treinadores na elaboração de suas planilhas de treinamento de uma maneira mais consciente e precisa.

Professor doutor Charles Ricardo Lopes

Sumário

Introdução 15

1 Aspectos neuromusculares 17
1.1 Potência 20
1.2 Pliometria 22
1.3 Exercícios funcionais pliométricos 25

2 Treinamento de força e potência *kettlebell* 51
2.1 Ações musculares voluntárias máximas (AMVMs) 51
2.2 *Kettlebell* 53
2.3 Pegada 56
2.4 Exercícios com *kettlebell* 57

3 *Medicine ball* 103
3.1 Exercícios com *medicine ball* 107

4 Periodização do treinamento funcional de força e potência 143
4.1 Metodologia FIT 143
4.2 Periodização com o método FIT 149

Referências 165

Introdução

O treinamento funcional vem crescendo nos últimos anos e espalhando-se pelo mundo de uma maneira um tanto quanto descontrolada. Esse modismo, aliado a ações inconsequentes, faz dele um método que vem perdendo seus parâmetros ao adotar exercícios mirabolantes e, às vezes, perigosos, como no caso do treinamento funcional feminino. Visando à aquisição de potência, força e agilidade, as ações perdem demasiadamente o objetivo e o controle, fazendo que o treinamento concorrente tenha uma ação neutralizadora e, por vezes, até mesmo negativa. Quando se considera o público feminino, algumas estruturas e treinos chegam a ser até bizarros e de uma total inconsequência.

A ideia principal do treinamento funcional feminino é trabalhar mais de um segmento ao mesmo tempo (multiplanares), envolvendo estabilização, força, potência, agilidade (Clark, 2001). Para que estas ações possam ocorrer, é necessário seguir os princípios do treinamento, assim como buscar a organização das estruturas de cargas de treino, analisar a natureza das cargas, o potencial de treinamento, os componentes da carga, a duração, os aspectos fisiológicos femininos, entre outras ações (Monteiro e Lopes, 2009).

Esta obra tem como intuito demonstrar a utilização do exercício de força com o *kettlebell*, desenvolver a potência por meio da pliometria e proporcionar a aquisição de agilidade e resistência com a *medicine ball*, considerando, é claro, o sexo feminino e a periodização específica para mulheres.

Aspectos neuromusculares

A força é o produto de ações musculares e do sistema nervoso, e tem-se como objetivo estimular ao máximo os músculos agonistas e ativar os músculos sinergistas e antagonistas (Bossi, 2013). Essas ações ocorrem por meio de um aumento do recrutamento de unidades motoras ou por disparos, sendo que esses estímulos parecem ser maiores nas forças máximas do que nas forças voluntárias máximas (Bellemare et al., 1983), mostrando que força e velocidade quase sempre agem juntas (Zehr e Sale, 1994).

O recrutamento de unidades motoras é sempre maior em iniciantes, por não estarem adaptados ao recrutamento de fibras rápidas; daí a necessidade da introdução de exercícios diferenciados para que esses venham a exigir sempre novas adaptações neuromusculares. O estudo de Hakkinen (1986) mostra que, depois de um período de doze semanas, não foi percebido o aumento de força, nem de alterações das cadeias pesadas de miosina, havendo a necessidade de novos estímulos unindo força, velocidade e coordenação (Badillo e Ayestarán, 2001).

Quando se une a velocidade à força, tem-se a variável denominada potência (Hall, 1993). O trabalho realizado com ações explosivas atinge melhoras de 11% na força isométrica máxima e de 38% na ativação dos nervos motores (Sale, 1992), além de uma concentração 4,5 vezes maior quando ocorre a contração excêntrica rápida (Chapman et al., 2006).

As fibras musculares são responsáveis diretamente pela estrutura do treinamento funcional, assim como o inverso também é real. Elas são classificadas em dois tipos: as do tipo I, de coloração escura, e as do tipo II, de coloração clara.

As fibras do tipo I são de contração lenta, e produzem e possuem menos força. Sua vascularização e capacidade oxidativa são maiores, e fadigam menos. Sua coloração é avermelhada; utilizam, preferencialmente, glicídios e lipídios como substrato energético; têm tamanho e número de miofibrilas menores em cada fibra muscular (Billeter e Hopperler, 1992; Yessis, 1992). Uma pessoa comum tem, em média, cerca de 50% a 55% de fibras do tipo I (McGinnis, 1999). As fibras do tipo II, por sua vez, são subdivididas em três subtipos: IIA, IIX (IIB) e IIC. Elas possuem uma alta velocidade de contração, metabolismo predominantemente anaeróbio, pequena resistência à fadiga e uma coloração mais clara, próxima à cor branca (Spring et al., 1995).

O subtipo IIA é uma fibra intermediária, pois consegue combinar contrações rápidas e uma transferência, tanto de energia aeróbia quanto de anaeróbia, classificada como fibra rápida oxidativa e glicolítica. O subtipo IIX tem alto limiar de excitação, sistema energético

ATP-CP e glicólise anaeróbica (Bossi, 2005). O subtipo IIC é uma fibra rara, pois menos de 10% das fibras do nosso corpo são IIC. Elas também atuam nas funções aeróbias, mistas e anaeróbias, podendo participar da reinervação ou da transformação das unidades motoras (Komi e Karlsson, 1978).

As fibras sofrem interconversão entre as isoformas da cadeia pesada de miosina; alterações de isoformas das fibras IIA para IIX (IIB), por meio do treinamento de força máxima; e das fibras IIX (IIB) para IIA, por meio do treinamento de hipertrofia (Badillo e Ayestarán, 2001). Isoformas intermediárias entre os tipos IIX (IIB) e IIA formam as fibras IIaX, IIAX, IIAx (Fleck e Kramer, 2002). Alguns trabalhos mostram a transformação das fibras do tipo I em fibras do tipo II, e outros mostram uma redução das fibras I, IIaX e IIX no músculo do trapézio em pessoas treinadas com exercícios resistidos (p. ex., Kadi, 2000), bem como a conversão de fibras lentas em fibras rápidas, por meio de um treinamento de força combinado com exercícios anaeróbios (Bacurau et al., 2001). O estudo de Green et al. (1984) segue o caminho inverso, e mostra que um treinamento de resistência aeróbia é acompanhado de um aumento de fibras do tipo I e da redução das fibras do tipo II. Campos et al. (2002) mostram o envolvimento das fibras do tipo I em trabalhos de força, como o de resistência, assim como a participação das fibras IIA, que, por sua vez, são glicolíticas e oxidativas, tendo muita força e muita resistência. Os autores surpreendem demonstrando a participação das fibras do tipo IIX em trabalhos mais longos. Elas são mais recrutadas ao estresse das fibras do tipo I e do tipo IIA. Assim, eles concluem que todos os tipos de fibras podem sofrer conversão desde que sejam corretamente estimulados, e que não necessariamente se deve utilizar cargas altas para estimular alguns tipos de fibras. É importante lembrar que o trabalho de treinamento funcional é uma variabilidade e um planejamento para estimular todos os tipos de fibras.

1.1 Potência

A potência é denominada como a capacidade que permite uma resistência se deslocar no menor espaço de tempo possível. Isso significa que a quantidade de trabalho ou energia realizada para transformar energia metabólica em trabalho e/ou calor faz parte da preparação física de mulheres que almejam adquirir uma forma física. Ela pode ser determinada por um único movimento ou por uma série de movimentos (Gomes e Araújo Filho, 1995). Durante uma repetição, a potência é calculada pelo peso levantado multiplicado pela distância vertical, a qual é dividida pelo tempo para completar o movimento (Verkhoshanski, 1996).

- *Força explosiva*: caracteriza-se por aplicações de grande força no menor tempo possível contra uma resistência submáxima, fator determinante de rendimento (Badillo e Ayestarán, 2001). A velocidade de execução está estreitamente relacionada à força, ou seja, quanto maior a resistência, maior a relação entre ambas. Uma maior aplicação de força pode levar a uma melhora da força explosiva.

1.1.1 Exemplo de treinamento de potência

- Utilizar cargas com intensidades maiores de 80% e variações de 30% a 60% ou de 90% a 100% de uma RM (Badillo e Ayestarán, 2001; Gomes e Araújo Filho, 1995). Devem ser realizadas repetições entre 2 e 3 ou até de 6 a 10, dependendo do intuito do treino (Badillo e Ayestarán, 2001; Zatsiorsky, 2004). As séries devem ser de 4 a 6 (Campos et al., 2002) ou de 4 a 8 (Badillo e Ayestarán, 2001; Gomes e Araújo Filho, 1995).

No que diz respeito à densidade, o tempo de descanso entre as séries deve ser de 2 a 5 minutos (Badillo e Ayestarán, 2001; Gomes e Araújo Filho, 1995). Já o intervalo entre os treinos deve ser de 18 a 24 horas (Gomes e Araújo Filho, 1995), e a velocidade de execução deve seguir uma média de 2 a 3 dias por semana.

1.1.2 Efeitos do treinamento de potência

- Aumento da força máxima, por agir sobre os fatores nervosos, sem hipertrofia apreciável.
- Melhora da coordenação intramuscular.
- Redução da inibição do SNC.
- Diminuição do *deficit* de força.
- Aumento da força sem muito volume de trabalho.

1.1.3 Cuidados que devem ser tomados

- Não deve ser realizado com iniciantes, crianças, adolescentes e grupos especiais.
- Existe o risco de lesão, caso o indivíduo não esteja preparado corretamente.
- Deve ser combinado com outros tipos de treino (Badillo e Ayestarán, 2001).

1.2 Pliometria

Pliometria é uma transição rápida do trabalho excêntrico para o concêntrico. O desenvolvimento do esforço muscular durante a fase de amortização é transformado em potencial de tensão elástica do músculo em estiramento.

A pliometria promove:
- a ativação rápida dos músculos (amortização);
- o desenvolvimento rápido do esforço de trabalho;
- a criação de um potencial considerável de tensão nos músculos, o que aumenta a potência (Verkhoshanski, 1996).

A pliometria se divide em:
- *Fase inicial*: o corpo, ou parte dele, está se movendo em função da energia cinética.
- *Atraso eletromecânico*: ocorre quando o movimento é interrompido, levando o músculo a se contrair, considerando o tempo

entre o início da ação nos nervos motores e o início da contração muscular, com variações entre 20 e 60 minutos (Zatsiorsky, 2004).

- *Amortização*: ocorre quando a energia cinética produz um reflexo de alongamento miotático vigoroso, que leva a uma contração muscular excêntrica acompanhada de uma contração isométrica explosiva e de alongamento dos tecidos conjuntivos do complexo muscular (final da contração excêntrica e início da concêntrica).
- *Fase de retorno*: liberação de energia elástica, juntamente com a contração muscular concêntrica involuntária acionada pelo reflexo do alongamento, podendo sofrer variações e acréscimos em razão do tempo de contração voluntária.
- *Fase final*: ocorre após a completude da contração concêntrica, quando o corpo é capaz de movimentar-se pela união da energia cinética e da contração concêntrica (Cavanagh e Komi, 1979).

Esse método é utilizado para desenvolver força rápida e capacidade reativa dos músculos, permitindo realizar um esforço motor potente, estimular intensivamente a atividade muscular e criar condições para seu aumento. A energia cinética pode variar de acordo com o peso e/ou a altura de queda. A variação do peso aumenta o esforço e diminui a rapidez da transição dos músculos do trabalho excêntrico ao concêntrico. O aumento da altura de queda (limite ótimo) eleva o esforço do trabalho. Ao mesmo tempo, eleva também a velocidade da transição dos músculos do trabalho excêntrico ao concêntrico, bem como a contração livre máxima dos músculos, além de expressar, apropriadamente, a influência do treinamento, conduzindo à modificação de esforços rápidos (Cavanagh e Komi, 1979).

A pliometria pode ser realizada tanto para a parte superior, com *medicine ball*, barras guiadas e aparelhos adaptados, quanto para a inferior, por meio de saltos, aparelhos adaptados e saltos em profundidade (Zatsiorsky, 2004). Os saltos em profundidade variam a altura da queda em razão da idade, sexo e grau de treinamento. Verkhsoshanski (1996) afirma, no entanto, que saltos de uma altura maior que 110 cm são contraproducentes. O estudo de Bossi (2009) utilizou quedas de 50 a 114 cm combinadas com outros exercícios, como saltos agachados e saltos intercalados, obtendo um aumento na capacidade de saltos de 1,7 a 9,4 cm.

O volume de saltos é de 10 por série e uma dosagem ótima de 4 séries. O descanso entre as séries é livre, não existindo, portanto, a necessidade de aumentar ou diminuir propositalmente os intervalos, que ocorrem geralmente de 3 a 5 minutos. Os saltos devem ser realizados de duas vezes por semana, para atletas de categoria média, a três vezes por semana, para pessoas de nível avançado. Eles devem ser utilizados junto com o trabalho de força, e é necessário que seu volume total esteja entre 300 e 400 saltos. Vale lembrar que o importante não é o número de saltos, mas sim a qualidade deles (Verkhoshanski, 1996).

As lesões parecem estar mais relacionadas à altura de saída no salto em profundidade e à área de aterrissagem, embora não exista qualquer relato de pesquisadores sobre a ocorrência de algum incidente durante as pesquisas realizadas (Bartholomew, 1985; Adams et al., 1992; Bosco et al., 1982).

Em uma revisão da literatura, alguns autores mostraram o tempo de treino, o número de sessões e o número de saltos:

Tabela 1.1 – Indicadores de treinamento por autor

Autor	Tempo de treinamento (semanas)	Sessões por semana	Saltos por sessão
Polhemus (1981)	6	3	30
Steben (1981)	7	5	12-15
Bartholomew (1985)	8	2	23-62
Bosco (1982)	8	2	23-62
Pittera (1982)	8	3	100-170

O efeito retardado de ciclo pliométrico ocorre, em média, em três semanas e deve ser realizado, pelo menos, dez dias antes de uma competição (Polhemus, 1981).

1.3 Exercícios funcionais pliométricos

Os exercícios pliométricos são indicados no treinamento funcional para a melhora do equilíbrio, da força e, especialmente, da potência. Eles devem ser utilizados em indivíduos que possuem um tempo de experiência em treinamento funcional, musculação e/ou treinamento desportivo, em razão da grande exigência das cadeias musculares e das articulações. Partindo do mais simples para o mais complexo, seguem alguns exemplos de movimentos pliométricos (Bossi, 2013).

1.3.1 Salto

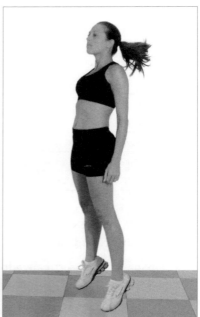

- Realizar a flexão dos quadris e dos joelhos simultaneamente. Executar a fase concêntrica com velocidade suficiente para saltar no final do movimento.
- Músculos: quadríceps (extensão do joelho), adutor magno de parte longa (extensão do quadril), piriforme (extensão do quadril), semitendíneo (extensão do quadril), semimembranáceo (extensão do quadril), bíceps femoral de cabeça longa (extensão do quadril), glúteo máximo (extensão do quadril), glúteo médio (extensão do quadril) (Bossi, 2013).

1.3.2 Meio agachamento com salto

- Com os pés na largura dos ombros, realizar as flexões dos joelhos e dos quadris simultaneamente, mantendo o corpo curvado à frente. O movimento de descida deve ser acompanhado de uma inspiração e, ao final, de uma apneia para estabilizar a espinha. Deve-se descer até a angulação desejada. Após o movimento de subida (extensão dos joelhos e dos quadris), realizar um salto.
- Músculos: quadríceps (extensão do joelho), adutor magno de parte longa (extensão do quadril), piriforme (extensão do quadril), semitendíneo (extensão do quadril), semimembranáceo (extensão do quadril), bíceps femoral de cabeça longa (extensão do quadril), glúteo máximo (extensão do quadril), glúteo médio (extensão do quadril) (Bossi, 2013).

1.3.3 Salto com auxílio dos braços

- Realizar o salto e, no momento do início da extensão dos joelhos e dos quadris, executar a flexão do ombro para auxiliar o movimento.
- Músculos: quadríceps (extensão do joelho), adutor magno de parte longa (extensão do quadril), piriforme (extensão do quadril), semitendíneo (extensão do quadril), semimembranáceo (extensão do quadril), bíceps femoral de cabeça longa (extensão do quadril), glúteo máximo (extensão do quadril), glúteo médio (extensão do quadril), deltoide clavicular (flexão do ombro), coracobraquial (flexão do ombro), peitoral maior parte clavicular (flexão do ombro), cabeça longa do bíceps braquial (flexão do ombro), trapézio descendente (rotação da escápula para cima), serrátil anterior (rotação da escápula para cima) (Bompa, 2004).

1.3.4 Salto grupado

- Realizar o salto vertical logo após a extensão dos quadris e dos joelhos. Executar a flexão dos quadris e dos joelhos. Abraçar os joelhos rapidamente, soltando-os ao retornar ao solo.
- Músculos: quadríceps (extensão do joelho), adutor magno de parte longa (extensão do quadril), piriforme (extensão do quadril), semitendíneo (extensão do quadril), semimembranáceo (extensão do quadril), bíceps femoral de cabeça longa (extensão do quadril), glúteo máximo (extensão do quadril), glúteo médio (extensão do quadril), iliopsoas (flexão do quadril), reto da coxa (flexão do quadril), tensor da fáscia lata (flexão do quadril), sartório (flexão do quadril), pectíneo (flexão do quadril), glúteo mínimo (flexão do quadril), adutor magno

de parte anterior (flexão do quadril), adutor longo (flexão do quadril), semimembranáceo (flexão do joelho), semitendíneo (flexão do joelho), bíceps femoral (flexão do joelho), gastrocnêmio (flexão do joelho), grácil (flexão do joelho), sartório (flexão do joelho), poplíteo (flexão do joelho).

1.3.5 Salto em posição de avanço

- Consiste em dar um passo à frente e descer o joelho próximo ao solo (90°). Realizar um salto na posição e retornar com as pernas na mesma posição (anteroposterior). Esse exercício deve ser utilizado em indivíduos com um grau avançado, pois o nível de dificuldade é alto, exigindo, simultaneamente, coordenação, potência, equilíbrio, força e agilidade.
- Músculos: quadríceps (extensão do joelho), adutor magno de parte longa (extensão do quadril), piriforme (extensão do quadril), semitendíneo (extensão do quadril), semimembranáceo (extensão do quadril), bíceps femoral de cabeça longa (extensão do quadril), glúteo máximo (extensão do quadril), glúteo médio (extensão do quadril) (Bossi, 2013).

1.3.6 Salto com alternação das pernas

- Com uma perna à frente e a outra atrás, descer o joelho posterior próximo ao solo (90°). Realizar um salto, alternar as pernas de posição durante o tempo de voo e retornar à posição com as pernas em posição alternada. Pesquisas mostram que realizar o exercício de avanço saltando aumenta a velocidade de arrancada, em razão da especificidade do movimento aliada ao trabalho de força explosiva (McBride, 2009).
- Músculos: quadríceps (extensão do joelho), adutor magno de parte longa (extensão do quadril), piriforme (extensão do quadril), semitendíneo (extensão do quadril), semimembranáceo (extensão do quadril), bíceps femoral de cabeça longa (extensão do quadril), glúteo máximo (extensão do quadril), glúteo médio (extensão do quadril).

1.3.7 Salto carpado

- Realizar o salto vertical logo após a extensão dos quadris e dos joelhos. Realizar a flexão dos quadris, mantendo os joelhos em extensão na maior angulação possível e, depois, retornar ao solo na posição inicial.
- Músculos: quadríceps (extensão do joelho), adutor magno de parte longa (extensão do quadril), piriforme (extensão do quadril), semitendíneo (extensão do quadril), semimembranáceo (extensão do quadril), bíceps femoral de cabeça longa (extensão do quadril), glúteo máximo (extensão do quadril), glúteo médio (extensão do quadril), iliopsoas (flexão do quadril), reto da coxa (flexão do quadril), tensor da fáscia lata (flexão do quadril), sartório (flexão do quadril), pectíneo (flexão do quadril), glúteo mínimo (flexão do quadril), adutor magno de parte anterior (flexão do quadril), adutor longo (flexão do quadril), quadríceps (extensão do joelho).

1.3.8 Salto sobre barreiras

- Utilizar barreiras e realizar séries de 1 a 6 saltos. A sequência do movimento permitirá o melhor trabalho pliométrico, mas, para que este tenha um resultado máximo, deve-se tentar manter o menor tempo de contato com o solo entre os saltos.
- Músculos: quadríceps (extensão do joelho), adutor magno de parte longa (extensão do quadril), piriforme (extensão do quadril), semitendíneo (extensão do quadril), semimembranáceo (extensão do quadril), bíceps femoral de cabeça longa (extensão do quadril), glúteo máximo (extensão do quadril), glúteo médio (extensão do quadril) (Bossi, 2013).

1.3.9 Salto sobre barreira lateral

- Utilizar barreiras, posicionando-as uma do lado direito e outra do lado esquerdo. Realizar um salto para um dos lados, retornar à posição inicial, realizar o salto para o outro lado e retornar à posição inicial. O movimento permitirá o melhor trabalho pliométrico e, também, a lateralidade. Para que este tenha um resultado máximo, deve-se, no entanto, tentar manter o menor tempo de contato com o solo entre os saltos (Monteiro e Evangelista, 2010).

- Músculos: quadríceps (extensão do joelho), adutor magno de parte longa (extensão do quadril), piriforme (extensão do quadril), semitendíneo (extensão do quadril), semimembranáceo (extensão do quadril), bíceps femoral de cabeça longa (extensão do quadril), glúteo máximo (extensão do quadril), glúteo médio (extensão do quadril).

1.3.10 Salto unilateral

- Manter-se sobre um pé e realizar, simultaneamente, a flexão do quadril e do joelho. Executar a fase concêntrica com velocidade suficiente para saltar no final do movimento.
- Músculos: quadríceps (extensão do joelho), adutor magno de parte longa (extensão do quadril), piriforme (extensão do quadril), semitendíneo (extensão do quadril), semimembranáceo (extensão do quadril), bíceps femoral de cabeça longa (extensão do quadril), glúteo máximo (extensão do quadril), glúteo médio (extensão do quadril) (McNeely e Sandler, 2006).

1.3.11 Salto *skipping*

O *skipping* é um exercício muito utilizado nos treinamentos de atletismo.

- Deixar um quadril com flexão próxima de 90°, juntamente com flexão do joelho. Com os ombros também em flexão, saltar com o máximo de potência. Em seguida, realizar o movimento do lado contrário (Komi, 2006).
- Músculos: quadríceps (extensão do joelho), adutor magno de parte longa (extensão do quadril), piriforme (extensão do quadril), semitendíneo (extensão do quadril), semimembranáceo (extensão do quadril), bíceps femoral de cabeça longa (extensão do quadril), glúteo máximo (extensão do quadril), glúteo médio (extensão do quadril), iliopsoas (flexão do qua-

dril), reto da coxa (flexão do quadril), tensor da fáscia lata (flexão do quadril), sartório (flexão do quadril), pectíneo (flexão do quadril), glúteo mínimo (flexão do quadril), adutor magno de parte anterior (flexão do quadril), adutor longo (flexão do quadril), semimembranáceo (flexão do joelho), semitendíneo (flexão do joelho), bíceps femoral (flexão do joelho), gastrocnêmio (flexão do joelho), grácil (flexão do joelho), sartório (flexão do joelho), poplíteo (flexão do joelho).

1.3.12 Salto em profundidade

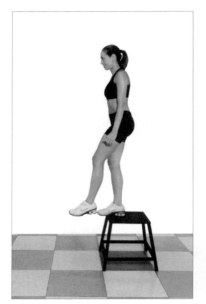

- Iniciar o movimento sobre uma base. Realizar uma "queda" da base e, assim que tocar o solo com os pés, inverter o tipo de contração (de excêntrica para concêntrica). Essa força concêntrica deve ocorrer da maneira mais rápida possível, no momento em que os pés tocarem o solo. Realizar o salto, subir em outra base e repetir o movimento.
- Músculos: quadríceps (extensão do joelho), adutor magno de parte longa (extensão do quadril), piriforme (extensão do quadril), semitendíneo (extensão do quadril), semimembranáceo (extensão do quadril), bíceps femoral de cabeça longa (extensão do quadril), glúteo máximo (extensão do quadril), glúteo médio (extensão do quadril) (Verkhoshanski, 1996).

1.3.13 Salto com impulsos alternados

- Colocar o pé direito sobre a base ou banco e impulsionar o corpo verticalmente, fazendo que a perna esquerda se eleve até a altura do banco. Inverter o posicionamento das pernas e voltar com o pé direto ao solo. Repetir o movimento.
- Músculos: quadríceps (extensão do joelho), adutor magno de parte longa (extensão do quadril), piriforme (extensão do quadril), semitendíneo (extensão do quadril), semimembranáceo (extensão do quadril), bíceps femoral de cabeça longa (extensão do quadril), glúteo máximo (extensão do quadril), glúteo médio (extensão do quadril).

1.3.14 Salto com impulsos alternados e sobrecarga

- Utilizando algum tipo de sobrecarga (colete, halter ou barras), colocar o pé direito sobre a base ou banco e impulsionar o corpo verticalmente, fazendo que a perna esquerda se eleve até a altura do banco. Inverter o posicionamento das pernas e voltar com o pé direto ao solo. Repetir o movimento.
- Músculos: quadríceps (extensão do joelho), adutor magno de parte longa (extensão do quadril), piriforme (extensão do quadril), semitendíneo (extensão do quadril), semimembranáceo (extensão do quadril), bíceps femoral de cabeça longa (extensão do quadril), glúteo máximo (extensão do quadril), glúteo médio (extensão do quadril).

1.3.15 Salto em profundidade unilateral

- Iniciar o movimento sobre uma base. Realizar uma "queda" da base, caindo com apenas um dos pés. Assim que tocar um dos pés no solo, inverter o tipo de contração (de excêntrica para concêntrica), o que deve ocorrer da maneira mais rápida possível, assim que o pé tocar o solo. Realizar o salto, subir em outra base novamente e repetir o movimento.
- Músculos: quadríceps (extensão do joelho), adutor magno de parte longa (extensão do quadril), piriforme (extensão do quadril), semitendíneo (extensão do quadril), semimembranáceo (extensão do quadril), bíceps femoral de cabeça longa (extensão do quadril), glúteo máximo (extensão do quadril), glúteo médio (extensão do quadril) (Verkhoshanski, 1996).

1.3.16 Salto em profundidade para outra base

- Iniciar o movimento sobre uma base. Realizar uma "queda" da base e, assim que tocar o solo com os pés, inverter o tipo de contração (de excêntrica para concêntrica). Essa força concêntrica deve ocorrer da maneira mais rápida possível, assim que os pés tocarem o solo. Realizar o salto, subir em outra base novamente e repetir o movimento.
- Músculos: quadríceps (extensão do joelho), adutor magno de parte longa (extensão do quadril), piriforme (extensão do quadril), semitendíneo (extensão do quadril), semimembranáceo (extensão do quadril), bíceps femoral de cabeça longa (extensão do quadril), glúteo máximo (extensão do quadril), glúteo médio (extensão do quadril) (Verkhoshanski, 1996; Bompa, 2004).

1.3.17 Pliometria com supino horizontal

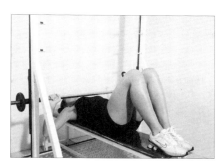 

- Deitada em decúbito dorsal, em um banco plano anexado a uma barra guiada (*smith*), segurar a barra com uma pegada aberta e com os cotovelos estendidos. Descer a barra próximo ao peito e depois elevá-la rapidamente, com uma adução horizontal do ombro e extensão do cotovelo. Projetá-la para cima com o máximo de potência, de maneira que a barra seja lançada. Retomá-la com os cotovelos em pequena flexão e repetir o movimento (Bossi, 2011).
- Músculos: peitoral maior (adução horizontal do ombro), deltoide clavicular (adução horizontal do braço), serrátil anterior (abdução da escápula), tríceps (extensão do cotovelo), ancôneo (extensão do cotovelo).

1.3.18 Pliometria com supino vertical

- Sentada em uma máquina de supino vertical convergente, segurar os braços do aparelho com a pegada. Com uma adução horizontal do ombro e extensão do cotovelo, empurrar com velocidade os braços do aparelho, projetando-o para a frente com o máximo de potência. Realizar a retomada das pegadas com os cotovelos em pequena flexão e repetir o movimento (Bossi, 2011).
- Músculos: peitoral maior (adução horizontal do ombro), deltoide clavicular (adução horizontal do braço), serrátil anterior (abdução da escápula), tríceps (extensão do cotovelo), ancôneo (extensão do cotovelo).

Aspectos neuromusculares | 47

1.3.19 Pliometria com supino declinado

- Deitada em uma máquina de supino declinado convergente, segurar a pegada. Com uma adução horizontal do ombro e extensão do cotovelo, empurrar com velocidade um dos braços do aparelho, projetando-o para a frente com o máximo de potência. Realizar a retomada das pegadas com os cotovelos em pequena flexão e repetir o movimento.
- Músculos: peitoral maior (adução horizontal do ombro), deltoide clavicular (adução horizontal do braço), serrátil anterior (abdução da escápula), tríceps (extensão do cotovelo), ancôneo (extensão do cotovelo) (Bossi, 2013).

1.3.20 Pliometria com desenvolvimento

- Sentada em uma máquina de desenvolvimento convergente, segurar os braços do aparelho com a pegada. Com uma abdução do ombro e extensão do cotovelo, tracionar com velocidade os braços do aparelho e projetá-lo para cima com o máximo de potência. Realizar a retomada das pegadas, voltar ao ponto inicial e repetir o movimento.
- Músculos: peitoral maior (adução horizontal do ombro), deltoide clavicular (adução horizontal do braço), serrátil anterior (abdução da escápula), tríceps (extensão do cotovelo), ancôneo (extensão do cotovelo).

1.3.21 Flexão de braço pliométrica

- Deixar o corpo reto, apoiando no solo apenas a ponta dos pés e as mãos. Realizar, na fase excêntrica, a aproximação do tórax no solo e, na fase concêntrica, o movimento de extensão do cotovelo e de adução horizontal do ombro na maior velocidade e força possíveis. Realiza-se um trabalho pliométrico para membros superiores, no qual é exigida mudança rápida de força da fase excêntrica para a fase concêntrica, executando-se um movimento de potência para que as mãos percam o contato com o solo, repetindo-se o número de vezes desejado na série. O mesmo exercício pode ser realizado com apoio fechado. Normalmente, é considerado um exercício para o tríceps e, além disso, também é o que mais recruta atividade elétrica no peitoral maior (mais do que com as mãos na largura do ombro e do que com apoio maior que a largura do ombro). Todos são realizados em adução horizontal do ombro (Cogley, 2005).
- Músculos: peitoral maior (adução horizontal do ombro), deltoide clavicular (adução horizontal do braço), serrátil anterior (abdução da escápula), tríceps (extensão do cotovelo), ancôneo (extensão do cotovelo) (Hoffman et al., 2009).

1.3.22 Pliometria abdominal

- Deitar-se em decúbito dorsal, segurando uma sobrecarga (uma *medicine ball*, por exemplo), realizar a flexão do torso com velocidade na amplitude máxima e arremessar a sobrecarga. Fazer a retomada do implemento e retornar à posição inicial para repetir o movimento (McNeely e Sandler, 2006).
- Músculos: reto do abdome (flexão da coluna), oblíquo interno (flexão da coluna), oblíquo externo (flexão da coluna), iliopsoas (flexão do quadril), reto da coxa (flexão do quadril), tensor da fáscia lata (flexão do quadril), sartório (flexão do quadril), adutor longo (flexão do quadril), adutor magno de parte anterior (flexão do quadril), adutor curto (flexão do quadril).

Treinamento de força e potência *kettlebell*

2.1 Ações musculares voluntárias máximas (AMVMs)

Ações musculares voluntárias máximas é a denominação mais apropriada para as forças, segundo vários fisiologistas e técnicos de treinamento. Atualmente, a maioria dos cientistas da área esportiva e dos atletas usa 100% das AMVMs nos treinos (Hoffman et al., 2009). O treinamento de força máxima (pura) é indicado para indivíduos que já possuem um grau avançado no treinamento de musculação. Para uma boa execução, é comum a realização da Manobra de Valsalva, que, apesar de estabilizar melhor a coluna vertebral, está associada a vários pontos negativos, devendo ser utilizada por um momento breve de, em média, dois segundos (Uchida et al., 2002).

2.1.1 Hipertrofia (força dinâmica)

O crescimento do tamanho muscular pode resultar do aumento no tamanho da fibra muscular, no número de fibras e na quantidade de tecido conjuntivo no músculo, o qual constitui uma pequena proporção do volume muscular e tem pequena influência quando comparado às proteínas contráteis.

A hiperplasia continua controversa, ao passo que a hipertrofia tem sido bem estabelecida em estudos, tanto em humanos quanto em animais (Komi, 2006).

A hipertrofia é o aumento na secção transversa do músculo, implicando um aumento no tamanho e no número de filamentos de actina e miosina, além de uma adição de sarcômero dentro das fibras musculares (Uchida, 2002), da densidade capilar, dos tecidos conjuntivos tendinosos e ligamentosos, do ATP-CP, do glicogênio e das mitocôndrias (Guedes Jr., 1997).

Os dois tipos de fibras musculares esqueléticas apresentam hipertrofia como resultado do treinamento. Entre elas, as brancas (tipo II) apresentam maior grau de hipertrofia que as vermelhas (tipo I) (Bossi, 2009). O treinamento de musculação produz dois tipos de sobrecarga:

- *Tensional*: estimula a síntese de proteínas e ocorre, normalmente, entre 5 e 10 repetições (Pette e Staron, 1990), sintetizando e quebrando constantemente as proteínas musculares, as quais duram por volta de 7 a 15 dias, e as sarcoplasmáticas solúveis, que têm uma duração menor (Guedes Jr., 1997).

- *Metabólica*: estimula o acúmulo de glicogênio e água e ocorre, normalmente, entre 10 e 20 repetições (Santarém, 1995).

Todavia, essa visão não deve ser considerada isoladamente. Tanto a hipertrofia tensional como a metabólica ocorrem de maneira isolada, e os efeitos da tensional ocorrem quando se trabalha metabolicamente, da mesma forma que os efeitos metabólicos ocorrem quando as características são mais tensionais (Simão, 2007).

Se o trabalho de hipertrofia for realizado sem um trabalho de força máxima anterior, paralelo ou posterior, haverá redução do nível de força dinâmica relativa, perdendo-se, assim, o potencial de força criado anteriormente (Badillo e Ayestarán, 2001).

Efeitos:

- Aumento da força máxima.
- Hipertrofia muscular alta.
- Maior amplitude de unidades motoras recrutadas e esgotadas.
- Aumento do *deficit* de força.

2.2 Kettlebell

Nesta obra, o trabalho de hipertrofia será apresentado por meio de exercícios com *kettlebells*.

O *kettlebell* teve origem na Rússia e as primeiras menções a ele datam de 1704. A palavra russa para *kettlebell* é *girya*. Os homens que levantavam esses pesos com alça eram chamados de *gireviks*. O *kettlebell* ganhou reconhecimento como excelente ferramenta de perda de peso quando foi destaque na revista de *fitness Hercules*, em 1913 (Brooks, 2012). Ele foi divulgado nos Estados Unidos por Pavel Tsatsouline, autor e treinador norte-americano que foi o principal divulgador desse instrumento para o mundo.

O *kettlebell* começou como um implemento agrícola de ferro fundido que se parecia com uma bola de canhão com uma alça. Um uso popular na fazenda para esse implemento era pesar os baldes (Tsatsouline, 2001).

Há muitos estudos comparativos a respeito do treinamento com *kettlebell*, entre eles o de Chiu (2007), que mostra que esse aparelho é menos eficaz em comparação a barras. Exercícios realizados com barra formam a base de programas de treinamento de desempenho para força máxima, força reativa e força explosiva, ao passo que halteres e *kettlebells* podem ser utilizados para exercícios de adaptação e estímulos diferenciados.

Oliveira (2013) comparou mulheres treinadas, que realizaram oito exercícios com halteres e *kettlebell*, durante quatro semanas, duas vezes por semana. Foi verificado um aumento de 400 g de peso muscular para aquelas que treinaram com *kettlebell* e redução de 730 g de peso muscular para aquelas que treinaram com halteres, ao passo que o peso gordo não sofreu alterações em ambos os grupos.

A análise da intensidade do treinamento de *kettlebell* mostrou uma melhora de 32% no VO_2máx, que, segundo as recomendações do American College of Sports Medicine (ACSM), deve ser de aproximadamente 55%.

O estudo de Lanier, Bishop e Collins (2005) mostrou que o *kettlebell* pode e deve ser utilizado como atividade alternativa para se atingir o gasto de 150 a 200 kcal/dia, recomendado pelo Surgeon General, e intensidade de 3 a 6 METs para a melhora da saúde. Lake e Lauder (2012) mostram que seis semanas de treinamento com *kettlebell* fornecem estímulo suficiente para aumentar a força máxima e a força explosiva. Outras pesquisas (p. ex., Farrar, Mayhew e Koch, 2010) constataram melhoras significativas na aptidão cardiorrespiratória, na força máxima e na força explosiva, demonstrando ser o *kettlebell* uma alternativa na busca da variabilidade do treinamento.

Trabalhos como o de Karthik et al. (2013) mostram que, para evitar lesões, é preciso informar os usuários de *kettlebell*, principalmente os iniciantes, sobre os problemas das pegadas e o encaixe desse implemento sobre o punho. Outras pesquisas (p. ex., Brumitt et al., 2010) mostram a utilização do *kettlebell* para reabilitação de jogadores lesionados.

Estudos como o de Fung e Shore (2010) mostram que o gasto calórico com a utilização do *kettlebell* é maior do que em atividades aeróbias como corrida, *spinning*, natação e elíptico.

Pode-se perceber que o *kettlebell* se diferencia de outras sobrecargas pela sua demanda de estabilização, pois a sua empunhadura corre em direção ao centro de massa (Brumitt et al., 2010). Vários estudos vêm mostrando suas vantagens, principalmente pela variação anatômica das pegadas e pelos exercícios diferenciados, como o *swing* e levantamentos olímpicos com *kettlebell*.

2.3 Pegada

Deve-se pegar o *kettlebell* em uma das suas bordas, e não no meio. Colocar o polegar sobre o dedo indicador ou em contato com ele.

 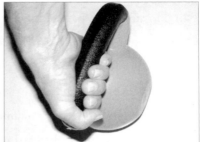

Segurar o *kettlebell* de maneira cômoda, sem muita tensão nas mãos ou nos punhos, é importante para não fadigar os músculos do antebraço e do punho. Para não afetar negativamente o desempenho nas repetições e séries, apoiar o *kettlebell* no antebraço, do lado contrário à alça (Bellomo, 2010).

2.4 Exercícios com *kettlebell*

2.4.1 Balanço

- Segurar o *kettlebell* com ambas as mãos, manter os pés próximo da largura dos ombros e realizar uma flexão dos quadris, dos joelhos e do tronco, simultaneamente. Projetar o *kettlebell* entre as pernas, num movimento contínuo. Elevar o implemento até que ele atinja a altura do rosto, fazendo uma flexão do ombro, extensão de quadris, joelhos e tronco. Repetir o movimento. Esse exercício deve ser realizado de forma circular e com potência, para que o *kettlebell* mantenha sua trajetória. O balanço com *kettlebell* obriga os quadris a moverem-se, enquanto os músculos do *core* estabilizam a espinha, prevenindo as dores lombares (McGill e Marshall, 2012).

- Músculos: deltoide clavicular (flexão do ombro), coracobraquial (flexão do ombro), peitoral maior parte clavicular (flexão do ombro), cabeça longa do bíceps braquial (flexão do ombro), trapézio descendente (rotação da escápula para cima), serrátil anterior (rotação da escápula para cima), eretores da espinha (extensão da coluna), glúteo (extensão da espinha).

2.4.2 Balanço unilateral

- Segurar o *kettlebell* com uma das mãos, manter os pés próximo da largura dos ombros e realizar uma flexão dos quadris, dos joelhos e do tronco, simultaneamente. Fazer o movimento projetando o *kettlebell* entre as pernas, num movimento contínuo. Elevar o implemento até que ele atinja a altura do rosto, fazendo uma flexão do ombro, extensão de quadris, joelhos e tronco. Repetir o movimento. Esse exercício deve ser realizado de forma circular e com potência, para que o *kettlebell* mantenha sua trajetória (Randolph, 2011).
- Músculos: deltoide clavicular (flexão do ombro), coracobraquial (flexão do ombro), peitoral maior parte clavicular (flexão do ombro), cabeça longa do bíceps braquial (flexão do ombro), trapézio descendente (rotação da escápula para cima), serrátil anterior (rotação da escápula para cima), eretores da espinha (extensão da coluna), glúteo (extensão da coluna).

2.4.3 Balanço alternado unilateral

- Segurar o *kettlebell* com uma das mãos, manter os pés próximo da largura dos ombros e realizar uma flexão dos quadris, dos joelhos e do tronco, simultaneamente. Projetar o *kettlebell* entre as pernas, num movimento contínuo. Elevar o implemento até que ele atinja a altura do rosto, por meio de uma flexão do ombro e da extensão dos quadris, dos joelhos e do tronco.

No momento em que o *kettlebell* estiver na linha dos ombros, na fase de pausa entre o movimento de elevação e de queda, realizar a troca de mãos e efetuar a descida com a mão contrária. Repetir o movimento. Esse exercício deve ser realizado de forma circular e com potência, para que o *kettlebell* mantenha sua trajetória.

- Músculos: deltoide clavicular (flexão do ombro), coracobraquial (flexão do ombro), peitoral maior parte clavicular (flexão do ombro), cabeça longa do bíceps braquial (flexão do ombro), trapézio descendente (rotação da escápula para cima), serrátil anterior (rotação da escápula para cima), eretores da espinha (extensão da coluna), glúteo (extensão da coluna).

2.4.4 Pêndulo

- Com os pés na largura dos ombros, segurar o *kettlebell* com as duas mãos acima da cabeça. Flexionar joelhos, quadris, tronco e, com os cotovelos estendidos, deixar o peso descer até passar por entre os joelhos. Projetar o *kettlebell* entre as pernas, num movimento contínuo. Elevar o implemento até que ele fique sobre a cabeça, por meio de uma flexão do ombro e da extensão dos quadris, dos joelhos e do tronco. Repetir o movimento. Esse exercício deve ser realizado de forma circular e com potência, para que o *kettlebell* mantenha sua trajetória.
- Músculos: deltoide clavicular (flexão do ombro), coracobraquial (flexão do ombro), peitoral maior parte clavicular (flexão do ombro), cabeça longa do bíceps braquial (flexão do ombro), trapézio descendente (rotação da escápula para cima), serrátil anterior (rotação da escápula para cima), eretores da espinha (extensão da coluna), glúteo (extensão da coluna).

2.4.5 Pêndulo unilateral

- Com os pés na largura dos ombros, segurar o *kettlebell* com uma das mãos acima da cabeça. Flexionar joelhos, quadris, tronco e, com os cotovelos estendidos, deixar o peso descer até passar por entre os joelhos. Voltar à posição inicial. É importante atentar à velocidade da descida.
- Músculos: deltoide clavicular (flexão do ombro), coracobraquial (flexão do ombro), peitoral maior parte clavicular (flexão do ombro), cabeça longa do bíceps braquial (flexão do ombro), trapézio descendente (rotação da escápula para cima), serrátil anterior (rotação da escápula para cima), eretores da espinha (extensão da coluna), glúteo (extensão da coluna).

2.4.6 Lenhador

- Com os pés na largura dos ombros, segurar o *kettlebell* com as duas mãos acima do ombro direito. Com os cotovelos estendidos, flexionar os joelhos e realizar uma rotação lateral do tronco e, simultaneamente, executar uma flexão do tronco e uma extensão dos ombros em direção à perna esquerda. Voltar à posição inicial e, depois, inverter os lados.
- Músculos: deltoide clavicular (flexão do ombro), coracobraquial (flexão do ombro), peitoral maior parte clavicular (flexão do ombro), cabeça longa do bíceps braquial (flexão do ombro), trapézio descendente (rotação da escápula para cima), serrátil anterior (rotação da escápula para cima), eretores da espinha (extensão da coluna), glúteo (extensão da coluna), oblíquos interno e externo (rotações do tronco) (Bossi, 2013).

2.4.7 Agachamento

É curioso que, nos dias de hoje, profissionais de Educação Física ainda tenham medo de realizar o agachamento completo. Provavelmente isso ainda ocorre em razão da falta de prática desse exercício, pois quanto maior a amplitude utilizada, maior será o recrutamento de unidades motoras, favorecendo o ganho de força e massa muscular (Gentil, 2011). Quando comparado a exercícios de agachamento e *leg press* até 90°, os melhores resultados são aqueles com movimentos completos (Weiss et al., 2000).

Nos exercícios de agachamento completo ocorre uma maior participação dos músculos posteriores. Eles estabilizam a patela por meio de uma contração da musculatura, que ajuda a reduzir a tensão em até 50% nessa região (Isear, Erickson e Worrell, 1997; Shelburne e Pandy, 1998; Caterisano et al., 2002).

Escamilla (2001) demonstra o aumento das forças compressivas tibiofemorais e patelofemorais nos ângulos de 80° a 90°, sendo reduzidas logo após essa angulação até se chegar a um ângulo de aproximadamente 110° a 120°. Como essas forças caem à medida que a amplitude aumenta (Zheng et al., 1998), deve-se ensinar o movimento completo e depois adicionar carga.

O agachamento ainda é recomendado para combater a dor nas costas, pois trabalha os eretores da espinha e dos músculos estabilizadores, reduzindo e prevenindo dores lombares (Comfort, Pearson e Mather, 2011). Outros estudos (p. ex., Parchamann e McBride, 2011) mostram que sentar-se ao final do movimento de agachamento estimula mais a musculatura do membro inferior do que realizar o exercício de maneira tradicional. Ademais, se for realizado antes do agachamento com trabalho pliométrico (salto em profundidade), o aumento da carga no exercício pode ser de até 9 kg (Comfort, Haigh e Matthews, 2012).

As inúmeras publicações sobre agachamento vêm demonstrando que esse é um dos melhores exercícios, embora ainda seja criticado por profissionais que não compreendem a sua execução. Dor nos joelhos e dores lombares sempre são as desculpas mais tradicionais, em razão de alguns fatores como má postura durante a execução, encurtamentos em cadeias musculares, cargas inadequadas, entre outros.

É preciso compreender como realizar os agachamentos com *kettlebell* e, posteriormente, com *medicine ball*.

2.4.7.1 Agachamento unilateral

- Segurar o *kettlebell* com uma das mãos em frente ao corpo e abaixo da clavícula. Os pés devem estar com uma abertura que possibilite melhor base de equilíbrio (próximo da largura dos ombros). Realizar, simultaneamente, a flexão dos quadris e dos joelhos e, depois, retornar à posição inicial.
- Músculos: quadríceps (extensão do joelho), adutor magno de parte longa (extensão do quadril), piriforme (extensão do quadril), semitendíneo (extensão do quadril), semimembranáceo (extensão do quadril), bíceps femoral de cabeça longa (extensão do quadril), glúteo máximo (extensão do quadril), glúteo médio (extensão do quadril).
- Hoffman et al. (2003) compararam a realização do exercício de agachamento com baixa intensidade e alto volume de repetições com o exercício de alta intensidade e baixo volume de repetições. Não foi percebida nenhuma alteração na utilização do oxigênio, mas identificou-se um aumento no hormônio de crescimento nos treinos de baixa intensidade e alto volume de repetições. O resultado mostrou que esse tipo de treinamento pode ser muito significativo para hipertrofia muscular.

2.4.7.2 Agachamento com pegada dupla

- Segurar um *kettlebell* em cada mão na altura dos ombros, próximo à clavícula. Os pés devem estar com uma abertura que possibilite melhor base de equilíbrio (na largura dos ombros). Realizar, simultaneamente, a flexão dos quadris e dos joelhos e, depois, retornar à posição inicial.
- Músculos: quadríceps (extensão do joelho), adutor magno de parte longa (extensão do quadril), piriforme (extensão do quadril), semitendíneo (extensão do quadril), semimembranáceo (extensão do quadril), bíceps femoral de cabeça longa (extensão do quadril), glúteo máximo (extensão do quadril), glúteo médio (extensão do quadril).

2.4.7.3 Agachamento sobre *steps*

- Segurar um *kettlebell* com ambas as mãos entre as coxas. Os pés devem estar sobre dois *steps*, que devem ter entre si uma abertura que possibilite melhor base de equilíbrio (nesse caso, essa deve ser maior que a largura dos ombros). Realizar, simultaneamente, a flexão dos quadris e dos joelhos, levando o *kettlebell* para entre os *steps* e flexionando o máximo possível os quadris (deve-se evitar flexionar o tronco). Retornar à posição inicial.
- Músculos: quadríceps (extensão do joelho), adutor magno de parte longa (extensão do quadril), piriforme (extensão do quadril), semitendíneo (extensão do quadril), semimembranáceo (extensão do quadril), bíceps femoral de cabeça longa (extensão do quadril), glúteo máximo (extensão do quadril), glúteo médio (extensão do quadril).

2.4.7.4 Agachamento sobre *steps* com remada alta

- Segurar um *kettlebell* com ambas as mãos entre as coxas. Os pés devem estar sobre dois *steps*, com uma abertura que possibilite melhor base de equilíbrio (nesse caso, maior que a largura dos ombros). Realizar, simultaneamente, a flexão dos quadris e dos joelhos, levando o *kettlebell* para entre os *steps* e flexionando o máximo possível os quadris (deve-se evitar flexionar o tronco). Retornar à posição inicial, realizando abdução do ombro e flexão do cotovelo, aproximando o *kettlebell* do queixo. Estudos como o de Kelleher, Hackney e Fairchild (2010) mostram que treinamentos em *superset* precisam de menos tempo de intervalo de recuperação e geram um gasto calórico maior.
- Músculos: quadríceps (extensão do joelho), adutor magno de parte longa (extensão do quadril), piriforme (extensão do quadril), semitendíneo (extensão do quadril), semimembranáceo (extensão do quadril), bíceps femoral de cabeça longa (extensão do quadril), glúteo máximo (extensão do

quadril), glúteo médio (extensão do quadril), deltoide clavicular, acromial e espinhal (abdução do braço), supraespinhal (abdução do ombro), trapézio descendente (rotação da escápula para cima).

2.4.7.5 Agachamento com desenvolvimento

- Segurar os *kettlebells*, um em cada mão, abaixo da clavícula, deixando os pés com uma abertura que possibilite melhor base de equilíbrio. Essa abertura varia de acordo com a estrutura corporal de cada pessoa. Normalmente, aproxima-se da largura dos ombros, com os pés levemente abduzidos. Realizar a flexão dos quadris e dos joelhos simultaneamente e, quando chegar ao ponto de menor amplitude da flexão (completo ou abaixo dos 90°), começar a extensão dos quadris e dos joelhos, retornando à posição inicial. Realizar, no mesmo momento, uma abdução do ombro e uma extensão do cotovelo. Assim que atingir a amplitude máxima do movimento, retornar o braço e o antebraço à posição inicial e repetir o movimento (Tsatsouline, 2002).

- Músculos: quadríceps (extensão do joelho), adutor magno de parte longa (extensão do quadril), piriforme (extensão do quadril), semitendíneo (extensão do quadril), semimembranáceo (extensão do quadril), bíceps femoral de cabeça longa (extensão do quadril), glúteo máximo (extensão do quadril), glúteo médio (extensão do quadril), deltoide acromial e clavicular (abdução do ombro), peitoral maior (abdução do ombro depois dos 90°), coracobraquial (abdução do ombro), tríceps (extensão do cotovelo), ancôneo (extensão do cotovelo), serrátil anterior (rotação para cima da escápula), trapézio descendente (rotação para cima da escápula).

2.4.7.6 Agachamento unilateral

- Segurar o *kettlebell* com uma das mãos na frente do peito e manter um dos pés apoiado e o outro em pequena elevação. Realizar a flexão do quadril e do joelho da perna que estiver no solo. Com a perna contrária, realizar apenas a flexão do quadril, mantendo o joelho estendido e, ao mesmo tempo, perdendo o contato do pé com o solo. Descer o máximo possível sobre uma perna e retornar à posição inicial. Inverter as pernas em seguida. Uma pesquisa sobre o fortalecimento de isquiotibiais e quadríceps (Boling et al., 2009) mostrou que os isquiostibiais estavam três vezes mais propensos a desenvolver síndrome patelar, ao passo que no quadríceps essa situação aumentava para cinco, o que justifica a necessidade do trabalho unilateral.
- Músculos: quadríceps (extensão do joelho), adutor magno de parte longa (extensão do quadril), piriforme (extensão do quadril), semitendíneo (extensão do quadril), semimembranáceo (extensão do quadril), bíceps femoral de cabeça longa (extensão do quadril), glúteo máximo (extensão do quadril), glúteo médio (extensão do quadril).

2.4.8 Avanço

- Segurar o *kettlebell* com a mão esquerda, ao lado do corpo, com os dois pés unidos. Dar um passo à frente com a perna direita, descer o joelho esquerdo próximo ao solo (90°) e, depois, retornar à posição inicial. McGill et al. (2009) mostraram que esse exercício, realizado nas provas de *farmer's walk* das competições de *strongman*, é utilizado para ganhar uma força balanceada, trabalhar músculos de membros inferiores, músculos que estabilizam o centro de gravidade e músculos das costas, além de melhorar a pegada.
- Músculos: quadríceps (extensão do joelho), adutor magno de parte longa (extensão do quadril), piriforme (extensão do quadril), semitendíneo (extensão do quadril), semimembranáceo (extensão do quadril), bíceps femoral de cabeça longa (extensão do quadril), glúteo máximo (extensão do quadril), glúteo médio (extensão do quadril).

2.4.9 Avanço com flexão do ombro

- Realizar uma flexão do ombro e extensão do cotovelo, mantendo o braço fixo nessa posição. A partir daí, dar um passo à frente com a perna do lado contrário ao do braço, flexionar o joelho posterior próximo ao solo (90°) e, depois, retornar à posição inicial.
- Músculos: quadríceps (extensão do joelho), adutor magno de parte longa (extensão do quadril), piriforme (extensão do quadril), semitendíneo (extensão do quadril), semimembranáceo (extensão do quadril), bíceps femoral de cabeça longa (extensão do quadril), glúteo máximo (extensão do quadril), glúteo médio (extensão do quadril).

2.4.10 *Clean* unilateral

- Segurar o *kettlebell* com uma das mãos (ele deverá estar posicionado no solo ou próximo deste). Realizar a extensão do tronco, dos quadris e dos joelhos com uma flexão do cotovelo, aproximando o *kettlebell* da clavícula e retornando à posição inicial, sempre em movimentos circulares. Pesquisas vêm demonstrando que o consumo de oxigênio é maior quando se realiza o trabalho unilateral em vez do bilateral (p. ex., Basset e Howley, 1999).

- Músculos: deltoide ascendente (abdução do ombro), supraespinhal (abdução do ombro), bíceps braquial (flexão do cotovelo), braquial (flexão do cotovelo), braquiorradial (flexão do cotovelo), levantador da escápula (elevação da escápula), eretores da espinha (extensão da coluna), glúteo (extensão da coluna), adutor magno parte longa (extensão do quadril), piriforme (extensão do quadril), semitendíneo (extensão do quadril), semimembranáceo (extensão do quadril), bíceps femoral cabeça longa (extensão do quadril), glúteo médio (extensão do quadril).

2.4.11 *Clean* bilateral

- Segurar os *kettlebells* próximo ao solo. Realizar a extensão do tronco, dos quadris e dos joelhos com uma flexão do cotovelo, aproximando os *kettlebells* da clavícula e retornando à posição inicial, sempre em movimentos circulares.

- Músculos: deltoide ascendente (abdução do ombro), supraespinhal (abdução do ombro), bíceps braquial (flexão do cotovelo), braquial (flexão do cotovelo), braquiorradial (flexão do cotovelo), levantador da escápula (elevação da escápula), eretores da espinha (extensão da coluna), glúteo (extensão da coluna), adutor magno parte longa (extensão do quadril), piriforme (extensão do quadril), semitendíneo (extensão do quadril), semimembranáceo (extensão do quadril), bíceps femoral cabeça longa (extensão do quadril), glúteo médio (extensão do quadril).

2.4.12 Arranque

- Posicionar os pés na largura do ombro e flexionar os joelhos. Segurar o *kettlebell* com uma das mãos. Fazer o balanço, realizando uma extensão da espinha, abdução do ombro e flexão do cotovelo e, depois, uma extensão do cotovelo. Levar o peso acima da cabeça, fazendo a expiração e realizando a extensão total do cotovelo. Depois, voltar à posição inicial executando a inspiração.

- Músculos: deltoide acromial (abdução do ombro), supraespinhal (abdução do ombro), bíceps braquial (flexão do cotovelo), braquial (flexão do cotovelo), braquiorradial (flexão do cotovelo), levantador da escápula (elevação da escápula), trapézio descendente (elevação da escápula), romboide maior e menor (adução da escápula), eretores da espinha (extensão da coluna), glúteo (extensão da coluna), movimento acima da cabeça, tríceps (extensão do cotovelo), ancôneo (extensão do cotovelo), deltoide acromial (abdução do ombro), peitoral maior (abdução do ombro depois dos 90°).

2.4.13 Flexão lateral do tronco

- Deixar os pés na largura do ombro, mantendo o peso acima da cabeça com o cotovelo estendido. Realizar a flexão lateral do tronco para o lado oposto, mantendo o *kettlebell* sempre no mesmo eixo, sem rotação ou inclinação. Retornar à posição inicial do tronco, levando o *kettlebell* acima da cabeça, e voltar à posição inicial. Depois, realizar o mesmo exercício do lado oposto.
- Músculos: oblíquo interno (flexão lateral do tronco), oblíquo externo (flexão lateral do tronco), abdome (flexão lateral do tronco), quadrado lombar (flexão lateral do tronco), iliocostal do pescoço, torácico e lombar (flexão lateral do tronco), longo da cabeça, do pescoço e do tórax (flexão lateral do tronco), espinhais da cabeça, do pescoço e do tórax (flexão lateral do tronco), multífido lombar (flexão lateral do tronco).

2.4.14 Remada unilateral em prancha

- Deixar o corpo reto, apoiando-se com a ponta dos pés no solo e as mãos sobre as alças dos *kettlebells*, com alinhamento entre os calcanhares, os quadris e a cabeça. Realizar a extensão do ombro do lado direito, retornar à posição inicial e repetir o movimento do lado contrário. O mesmo exercício pode ser feito com uma abdução horizontal do ombro.
- Músculos: latíssimo do dorso (extensão do ombro), redondo maior e menor (extensão do ombro), deltoide espinhal (extensão do ombro), tríceps de cabeça longa (extensão do ombro), romboide maior e menor (adução da escápula), trapézio transverso (adução da escápula), bíceps braquial (flexão do cotovelo), braquial (flexão do cotovelo).

2.4.15 Flexão de braço

- Deixar o corpo reto, apoiando apenas a ponta dos pés no solo e as mãos sobre as alças dos *kettlebells*, com alinhamento entre os calcanhares, os quadris e a cabeça. Realizar, durante a fase excêntrica, a aproximação do tórax ao solo e, na fase concêntrica, o movimento de extensão do cotovelo e adução horizontal do ombro, voltando, em seguida, à posição inicial.
- Músculos: peitoral maior (adução horizontal do ombro), deltoide clavicular (adução horizontal do braço), serrátil anterior (abdução da escápula), tríceps (extensão do cotovelo), ancôneo (extensão do cotovelo).

2.4.16 Remada unilateral em pé

- Com o tronco, os quadris e os joelhos flexionados, realizar a extensão do ombro e a flexão do cotovelo do lado direito. Retornar à posição inicial e repetir o movimento do lado esquerdo. Os cotovelos devem ultrapassar o tórax. O mesmo exercício pode ser feito com abdução horizontal do ombro e flexão do cotovelo.
- Músculos: latíssimo do dorso (extensão do ombro), redondo maior e menor (extensão do ombro), deltoide espinhal (extensão do ombro), tríceps cabeça longa (extensão do ombro), romboide maior e menor (adução da escápula) trapézio transverso (adução da escápula), bíceps braquial (flexão do cotovelo), braquial (flexão do cotovelo).

2.4.17 Elevação lateral

- Em pé, segurar um *kettlebell* em cada mão, à frente do corpo, com as palmas das mãos voltadas uma para a outra e os antebraços e as pernas ligeiramente flexionados. Inspirar, realizando uma apneia, e fazer a abdução do ombro com as mãos em pronação, próximo ao ângulo de 90°. Expirar, voltando à posição inicial.
- Músculos: deltoide clavicular, acromial e espinal (abdução do braço), supraespinhal (abdução do ombro), trapézio descendente (rotação da escápula para cima).

2.4.18 *Fly*

- Deitada em decúbito dorsal, em um banco reto, com os braços flexionados e os antebraços estendidos, segurar os *kettlebells* um em cada mão. Descer os *kettlebells* na direção lateral do próprio corpo, deixando as mãos acompanharem o arco dos braços, com os cotovelos flexionados. Descer até o ponto em que os *kettlebells* fiquem na mesma altura do ombro na abdução horizontal. Nesse movimento, deve-se realizar a inspiração. Depois, retornar à posição inicial expirando. A utilização de pesos livres é mais fatigante do que com aparelhos, causando maior estresse e maior hipertrofia (Sousa e Rogatto, 2007).
- Músculos: peitoral maior (ênfase na parte esternal, adução horizontal do ombro), coracobraquial (adução horizontal do ombro), deltoide clavicular (adução horizontal do ombro), serrátil anterior (abdução da escápula), tríceps (extensão do cotovelo), bíceps braquial em isometria (flexão do antebraço). Vale lembrar que, quando se está inclinado, ocorre uma ênfase maior na parte clavicular do peitoral, assim como na parte abdominal do peitoral, quando se está declinado.

2.4.19 Tríceps atrás da cabeça

- Segurar o *kettlebell* em pé, mantendo os braços elevados e paralelos às orelhas. Flexionar o cotovelo até pouco mais de 90°. Retornar à posição inicial, realizando a extensão total do cotovelo.
- Músculos: tríceps (extensão do cotovelo), ancôneo (extensão do cotovelo).

2.4.20 Desenvolvimento

- Em pé, segurar os *kettlebells* sobre o deltoide, próximo da clavícula, na largura dos ombros ou o mais próximo da abertura do arremesso. Inspirar, realizar a apneia e empurrar para cima, em um ângulo entre a flexão e a abdução do ombro. Trazer o peso na frente do peitoral oferece mais instabilidade ao ombro, permitindo uma sobrecarga maior (Kolber et al., 2010).
- Músculos: deltoide clavicular (flexão do ombro), deltoide acromial (abdução do ombro), peitoral maior (flexão do ombro), coracobraquial (flexão do ombro), supraespinhal (abdução do ombro), serrátil anterior (rotação para cima da escápula), trapézio descendente (rotação para cima da escápula), tríceps (extensão do cotovelo), ancôneo (extensão do cotovelo).

2.4.21 Desenvolvimento alternado

- Segurar os *kettlebells* sobre o deltoide, próximo da clavícula, na largura dos ombros ou o mais próximo da abertura do arremesso. Inspirar, realizar a apneia e projetar um dos braços para cima em um ângulo entre a flexão e a abdução do ombro. Retornar à posição inicial e repetir o movimento com o outro braço. (Este exercício pode ser realizado em pé ou sentado.)
- Músculos: deltoide clavicular (flexão do ombro), deltoide acromial (abdução do ombro), peitoral maior (flexão do ombro), coracobraquial (flexão do ombro), supraespinhal (abdução do ombro), serrátil anterior (rotação para cima da escápula), trapézio descendente (rotação para cima da escápula), tríceps (extensão do cotovelo), ancôneo (extensão do cotovelo).

2.4.22 Desenvolvimento unilateral

- Em pé, segurar o *kettlebell* sobre o peitoral maior, na largura do ombro ou o mais próximo da abertura do arremesso. Inspirar, realizar a apneia e projetar um dos braços para cima em um ângulo entre a flexão e abdução do ombro, juntamente com uma extensão do cotovelo. Retornar à posição inicial e repetir o movimento com o outro braço.
- Músculos: deltoide clavicular (flexão do ombro), deltoide acromial (abdução do ombro), peitoral maior (flexão do ombro), coracobraquial (flexão do ombro), supraespinhal (abdução do ombro), serrátil anterior (rotação para cima da escápula), trapézio descendente (rotação para cima da escápula), tríceps (extensão do cotovelo), ancôneo (extensão do cotovelo).

- De acordo com Keogh et al. (2010), a força muscular nos exercícios estáveis é superior à dos instáveis. Isso foi demonstrado por meio de um estudo que buscou distinguir o desempenho do exercício desenvolvimento em condições com e sem estabilidade (Behm et al., 2010). Para tanto, foram avaliados 30 homens treinados, que realizaram o exercício de maneira instável (bola suíça) e estável (banco), utilizando *dumbbell*.

2.4.23 Stiff

- Em posição anatômica, segurar o *kettlebell* na largura dos quadris, mantendo os joelhos sempre estendidos. Flexionar o tronco até que atinja a maior amplitude possível e, depois, voltar suavemente à posição inicial. No momento da descida, manter o *kettlebell* o mais próximo possível da coxa e da perna, evitando, assim, estresses na espinha lombar (L2 e L3). Realizar a inspiração e, no final do movimento, uma apneia para melhor estabilização da coluna. Voltar expirando e realizando a contração glútea (Bossi, 2012).
- Músculos: eretor da espinha (extensão da coluna), adutor magno parte longa (extensão do quadril), piriforme (extensão do quadril), semitendíneo (extensão do quadril), semimembranáceo (extensão do quadril), bíceps femoral cabeça longa (extensão do quadril), glúteo máximo (extensão do quadril), glúteo médio (extensão do quadril).

2.4.24 Remada unilateral em um apoio

- Realizar a extensão de quadril e manter o joelho estendido. Flexionar o tronco, segurando o *kettlebell* com a mão contrária. Manter o equilíbrio e realizar a extensão do ombro combinada com a flexão do cotovelo, que deve ultrapassar o tórax. O mesmo exercício pode ser feito com uma abdução horizontal do ombro combinada com a flexão do cotovelo (Bossi, 2013).
- Músculos: latíssimo do dorso (extensão do ombro), redondo maior e menor (extensão do ombro), deltoide espinhal (extensão do ombro), tríceps cabeça longa (extensão do ombro), romboide maior e menor (adução da escápula), trapézio transverso (adução da escápula), bíceps braquial (flexão do cotovelo), braquial (flexão do cotovelo).

2.4.25 Remada alta

- Deixar os pés na largura do ombro, segurar o *kettlebell* em frente ao corpo, na altura dos quadris. Após isso, realizar uma abdução do ombro e uma flexão do cotovelo, elevando-os próximo ao queixo. Inspirar antes do início do movimento, expirar na altura do esterno e voltar à posição inicial, inspirando.
- Músculos: trapézio descendente (rotação para cima da escápula), serrátil anterior (rotação para cima da escápula), deltoide acromial (abdução do ombro), bíceps braquial (flexão do cotovelo), braquial (flexão do cotovelo).

2.4.26 Abdome com *kettlebell*

- Segurando o *kettlebell* com ambas as mãos, com os braços flexionados em 90° e os antebraços estendidos, realizar a flexão da espinha até que a escápula perca o contato com o solo. No momento da flexão, realizar a expiração e voltar à posição inicial, inspirando.
- Músculos: reto do abdome (flexão da coluna), oblíquo interno (flexão da coluna), oblíquo externo (flexão da coluna), iliopsoas (flexão do quadril), reto da coxa (flexão do quadril), iliopsoas (flexão do quadril), tensor da fáscia lata (flexão do quadril), sartório (flexão do quadril), adutor longo (flexão do quadril), adutor magno de parte anterior (flexão do quadril), adutor curto (flexão do quadril).

2.4.27 Levantamento completo (levantamento turco)

- Exercício que consiste em sair com o corpo de uma posição horizontal e levá-lo a uma posição vertical, utilizando sobrecarga. Deitada em decúbito dorsal, realizar a pegada do *kettlebell* com a mão direita. Deixar o braço na posição vertical,

com o ombro flexionado e o cotovelo estendido. O quadril e o joelho direito devem estar flexionados, o braço esquerdo deve estar abduzido em 90° e, tocando o solo, a perna esquerda deve estar estendida.
- Realizar uma flexão do tronco, apoiando-se no cotovelo esquerdo. Continuar a flexão do tronco, trocando o apoio do cotovelo pelo das mãos. Fixar o calcanhar esquerdo ao solo. Flexionar o joelho esquerdo, passar a perna para uma posição posterior, com a perna direita apoiando-se no joelho esquerdo. Passar o corpo para uma posição vertical, apoiando-se no joelho esquerdo e no pé direito. Nesse momento, o braço direito já se encontra totalmente flexionado numa linha vertical.
- Colocar o braço esquerdo em uma abdução de 90°, estender os joelhos e os quadris, colocando-se de pé com o braço direito flexionado e o antebraço estendido. Retornar à posição inicial, fazendo o mesmo desenho corporal (Collins, 2011).
- Músculos: reto do abdome (flexão da coluna), oblíquo interno (flexão da coluna), oblíquo externo (flexão da coluna), iliopsoas (flexão do quadril), reto da coxa (flexão do quadril), tensor da fáscia lata (flexão do quadril), sartório (flexão do quadril), adutor longo (flexão do quadril), adutor magno de parte anterior (flexão do quadril), adutor curto (flexão do quadril), deltoide clavicular (flexão do ombro), coracobraquial, (flexão do ombro), peitoral maior parte clavicular (flexão do ombro), cabeça longa do bíceps braquial (flexão do ombro), trapézio descendente (rotação da escápula para cima), serrátil anterior (rotação da escápula para cima), deltoide acromial (abdução

do ombro), supraespinhal (abdução do ombro), bíceps braquial (flexão do cotovelo), braquial (flexão do cotovelo), braquiorradial (flexão do cotovelo), levantador da escápula (elevação da escápula), trapézio descendente (elevação da escápula), romboide maior e menor (adução da escápula), eretores da espinha (extensão da coluna), glúteo (extensão da coluna), movimento acima da cabeça, tríceps (extensão do cotovelo), ancôneo (extensão do cotovelo), peitoral maior (abdução do ombro acima de 90°).

2.4.28 Abdução horizontal do ombro em ponte lateral

- Parada em uma prancha lateral, com os pés em posição anteroposterior, apoiar a mão direita sobre um *kettlebell* e, na mão esquerda, manter outro *kettlebell*. Realizar a abdução horizontal do ombro do lado esquerdo e retornar à posição inicial (Bellomo, 2010).
- Músculos: deltoide espinhal (abdução horizontal do ombro), infraespinhal (abdução horizontal do ombro), romboide maior e menor (adução da escápula), trapézio transverso (adução da escápula).

3

Medicine ball

Há relatos de imagens dos antigos egípcios usando o que parecem ser bolsas arredondadas ponderadas. Historiadores citam Cláudio Galeno, médico grego, como o primeiro a fazer uma prescrição do uso terapêutico da *medicine ball*. Relatam também que o médico grego Hipócrates, em meados de 150 d.C., teria usado bolas fortemente acolchoadas, feitas de peles de animais e cheias de areia.

Em 1800, Friedrich Froebel, educador alemão, introduziu um plano de treinamento físico nacional que incluía o uso de esferas medicinais. No mesmo ano, preparadores físicos chegaram a utilizar quatro ferramentas de *fitness*, entre elas a *medicine ball*, utilizada para fortalecer os braços, as pernas e os músculos centrais.

As bolas foram usadas ao longo dos anos 1930 por militares, colégios, academias de boxe e de *fitness*. Tornaram-se popular nos Estados

Unidos na época do presidente Herbert Hoover (1929-1933), quando o médico da Casa Branca inventou um jogo usando a *medicine ball*, com o objetivo de manter a forma física do presidente. O jogo foi chamado de *hoover* e era jogado com equipes de dois a quatro jogadores, com uma *medicine ball* de 6 kg sobre uma rede parecida com a do voleibol. Hoje, os profissionais da Educação Física e os treinadores redescobriram os benefícios que podem ser conseguidos com a *medicine ball* nos treinamentos, em aulas de ginástica, sessões de treinamento funcional e em programas de esporte (ACSM, 2006).

A *medicine ball* é uma ferramenta única que permite que os atletas executem exercício explosivo funcional. Diferentemente das máquinas de peso que limitam o movimento natural, essa bola proporciona resistência ponderada em todos os planos de movimento, pois permite que se possa seguir adiante com o máximo de força. Além de sua importância para o treinamento de força, a *medicine ball* é igualmente relevante para transferir a força em potência e velocidade. Os exercícios com essa ferramenta proporcionam resistência ao longo de uma gama completa de movimento (Enamait, 2003).

O treinamento com *medicine ball* pode ser usado para estimular o interesse pela atividade física por parte de meninos e meninas que não são preparados para as exigências dos vigorosos exercícios de *fitness* ou de programas de esportes competitivos (ACSM, 2006). É a criação de movimentos complexos que imitam posições naturais do corpo na vida cotidiana que faz o treinamento com *medicine ball* tornar-se tão valioso (Faigenbaum e Mediate, 2006).

O treinamento regular com *medicine ball* em uma aula de *fitness* ou sessão de treinamento pode ser estruturado de forma apropriada para todos os indivíduos, independentemente do tamanho do corpo ou do nível de aptidão, fornecendo uma base sólida para a futura participação em atividades recreativas e esportivas mais exigentes (ACSM, 2006).

Com a crescente popularidade da *medicine ball*, são vários os tipos disponíveis, com diferentes formas, tamanhos e cores. Algumas são feitas para saltar ou para uso em água, e o peso varia de 2 a 200 libras. As bolas são cobertas com borracha de poliuretano ou de couro.

O uso da *medicine ball* é superior a muitos equipamentos para a execução de movimentos eficientes em pé, deitado, sentado, com afastamento anteroposterior e sobre os três planos de movimento: sagital, frontal e transverso (D'Elia, 2013).

Uma pesquisa realizada por Fernóchio e Bossi (2014) comparou mulheres treinadas que realizaram oito exercícios idênticos, com halteres e *medicine ball*, duas vezes por semana, durante quatro semanas. Verificou-se aumento de 2,28% no peso muscular para aquelas para que treinaram com *medicine ball*; aumento de 1,07% no peso muscular para aquelas que treinaram com halteres; redução de 1,47% no peso gordo para aquelas que treinaram com halteres; e redução de 2,87% no peso gordo para o treino com bolas. Assim, o melhor desempenho foi do grupo que utilizou a *medicine ball*.

Na mesma linha de pesquisa, Torres e Bossi (2013) compararam homens treinados que realizaram oito exercícios idênticos, com halteres e *medicine ball*, duas vezes por semana, durante quatro semanas. Verificou-se aumento de 2,51% no peso muscular para quem treinou com *medicine ball* e de 2,27% para quem treinou com halteres, bem como redução de 1,14% no peso gordo para quem treinou com halteres e de 2,15% para quem treinou com *medicine ball*. O melhor desempenho, portanto, foi do grupo que utilizou esta última.

Esses resultados apontam que a variabilidade dos equipamentos leva a um estímulo neuromuscular maior, aumentando, assim, o gasto calórico.

3.1 Exercícios com *medicine ball*

3.1.1 Agachamento

- Segurar a *medicine ball* com os ombros flexionados e cotovelos estendidos. Os pés devem estar na largura dos ombros e levemente abduzidos. Realizar, simultaneamente, a flexão dos quadris e dos joelhos. O movimento de descida deve ser acompanhado de uma inspiração e, ao seu final, deve-se promover uma apneia para estabilizar a espinha. Realizar a extensão dos quadris e dos joelhos, voltando à posição inicial, efetuando a expiração. Deve-se descer o máximo possível. O exercício de agachamento é um movimento igual ao de sentar-se, de modo que pode e deve ser utilizado como um processo pedagógico para aprendizagem.

- Músculos: quadríceps (extensão do joelho), adutor magno parte longa (extensão do quadril), piriforme (extensão do quadril), semitendíneo (extensão do quadril), semimembranáceo (extensão do quadril), bíceps femoral cabeça longa (extensão do quadril), glúteo máximo (extensão do quadril), glúteo médio (extensão do quadril) (Bossi, 2011).

3.1.2 Subida no banco

- Segurar a *medicine ball* junto ao peito, subir no banco realizando simultaneamente a extensão do quadril, do joelho, a flexão de ombro e a extensão do cotovelo. Retornar à posição inicial. Para aumentar a dificuldade, colocar toda a carga em apenas uma perna (Boyle, 2004).
- Músculos: quadríceps (extensão do joelho), adutor magno parte longa (extensão do quadril), piriforme (extensão do quadril), semitendíneo (extensão do quadril), semimembranáceo (extensão do quadril), bíceps femoral cabeça longa (extensão do quadril), glúteo máximo (extensão do quadril), glúteo médio (extensão do quadril).

3.1.3 Subida no banco com elevação frontal

- Segurar a *medicine ball* à frente do corpo, com os cotovelos estendidos. Subir no banco realizando a extensão do quadril, do joelho e a flexão dos ombros, simultaneamente. Retornar à posição inicial. Para aumentar a dificuldade, colocar toda a carga em apenas uma perna.
- Músculos: quadríceps (extensão do joelho), adutor magno parte longa (extensão do quadril), piriforme (extensão do quadril), semitendíneo (extensão do quadril), semimembranáceo (extensão do quadril), bíceps femoral cabeça longa (extensão do quadril), glúteo máximo (extensão do quadril) glúteo médio (extensão do quadril), trapézio descendente (rotação para cima da escápula), serrátil anterior (rotação para cima da escápula), deltoide acromial (abdução do ombro), tríceps (extensão do cotovelo), ancôneo (extensão do cotovelo).

3.1.4 Agachamento lateral

- Segurar a *medicine ball* junto ao peito. Realizar a abdução do quadril e flexionar o tronco, levando a bola próximo ao pé esquerdo. Retornar à posição inicial e realizar o mesmo movimento do lado oposto (Bossi, 2005).
- Músculos: quadríceps (extensão do joelho), glúteo máximo fibras inferiores (adução do quadril), adutor curto (adução do quadril), pectíneo (adução do quadril), adutor magno (adução do quadril), grácil (adução do quadril), glúteo máximo (adução do quadril), adutor longo (adução do quadril), iliopsoas (adução do quadril), eretores da espinha (extensão da coluna), oblíquos interno e externo (rotações do tronco), reto do abdome (flexão do tronco).

3.1.5 Agachamento com *medicine ball* sobre a cabeça

- Segurar a *medicine ball* com os ombros flexionados e os cotovelos estendidos sobre a cabeça. Os pés devem estar na largura dos ombros e levemente abduzidos. Realizar, simultaneamente, a flexão dos quadris e dos joelhos. O movimento de descida deve ser acompanhado de uma inspiração e, ao seu final, deve-se promover uma apneia para estabilizar a espinha. Retornar à posição inicial, expirando. Deve-se descer o máximo possível.
- Músculos: quadríceps (extensão do joelho), adutor magno parte longa (extensão do quadril), piriforme (extensão do quadril), semitendíneo (extensão do quadril), semimembranáceo (extensão do quadril), bíceps femoral cabeça longa (extensão do quadril), glúteo máximo (extensão do quadril), glúteo médio (extensão do quadril).

3.1.6 Subida e descida do banco

- Segurar a *medicine ball* junto ao peito, colocar um dos pés sobre o *step* e elevar o corpo utilizando como apoio a perna sobre o *step*. Realizar uma passada à frente com a perna contrária, retornar para cima do *step* e, depois, à posição inicial.
- Músculos: quadríceps (extensão do joelho), adutor magno de parte longa (extensão do quadril), piriforme (extensão do quadril), semitendíneo (extensão do quadril), semimembranáceo (extensão do quadril), bíceps femoral de cabeça longa (extensão do quadril), glúteo máximo (extensão do quadril), glúteo médio (extensão do quadril).

3.1.7 Subida lateral no banco

- Segurar a *medicine ball* junto ao peito, colocar o pé direito sobre o *step*, elevar o corpo com a perna direita e colocar a perna esquerda sobre o *step*. Realizar a abdução do quadril direito, descendo-o para fora da base. Repetir o movimento para o lado inverso.
- Músculos: quadríceps (extensão do joelho), glúteo máximo fibras inferiores (adução do quadril), adutor curto (adução do quadril), pectíneo (adução do quadril), adutor magno (adução do quadril), grácil (adução do quadril), glúteo máximo (adução do quadril), adutor longo (adução do quadril), iliopsoas (adução do quadril).

3.1.8 Avanço

- Com os dois pés paralelos, dar um passo à frente e descer o joelho posterior próximo ao solo (90°). Em seguida, retornar à posição inicial com a *medicine ball* junto ao peito. Quanto mais rápido for o tempo de contato com o solo, mais movimentos explosivos serão realizados (Lockie et al., 2012).
- Músculos: quadríceps (extensão do joelho), adutor magno de parte longa (extensão do quadril), piriforme (extensão do quadril), semitendíneo (extensão do quadril), semimembranáceo (extensão do quadril), bíceps femoral de cabeça longa (extensão do quadril), glúteo máximo (extensão do quadril), glúteo médio (extensão do quadril).

3.1.9 Avanço com desenvolvimento

- Segurar a *medicine ball* junto ao peito. Com os dois pés paralelos, dar um passo à frente e descer o joelho posterior próximo ao solo (90°). Simultaneamente à descida, realizar uma flexão do ombro e uma extensão do cotovelo. Em seguida, retornar à posição inicial (Lockie et al., 2012).
- Músculos: quadríceps (extensão do joelho), adutor magno de parte longa (extensão do quadril), piriforme (extensão do quadril), semitendíneo (extensão do quadril), semimembranáceo (extensão do quadril), bíceps femoral de cabeça longa (extensão do quadril), glúteo máximo (extensão do quadril), glúteo médio (extensão do quadril), deltoide acromial (abdução do ombro), supraespinhal (abdução do ombro), peitoral maior (abdução do ombro acima de 90°), levantador da escápula (elevação da escápula), trapézio descendente (elevação da escápula), tríceps (extensão do cotovelo), ancôneo (extensão do cotovelo), deltoide (abdução do ombro).

3.1.10 Avanço com elevação frontal

- Segurar a *medicine ball* à frente do peito com os cotovelos estendidos. Com os dois pés paralelos, dar um passo à frente e descer o joelho posterior próximo ao solo (90°). Simultaneamente à descida, realizar uma flexão do ombro e, depois, retornar à posição inicial (Goldenberg e Twist, 2007).
- Músculos: quadríceps (extensão do joelho), adutor magno de parte longa (extensão do quadril), piriforme (extensão do quadril), semitendíneo (extensão do quadril), semimembranáceo (extensão do quadril), bíceps femoral de cabeça longa (extensão do quadril), glúteo máximo (extensão do quadril), glúteo médio (extensão do quadril), deltoide clavicular (flexão do ombro), coracobraquial (flexão do ombro), peitoral maior parte clavicular (flexão do ombro), cabeça longa do bíceps braquial (flexão do ombro), trapézio descendente (rotação da escápula para cima), serrátil anterior (rotação da escápula para cima).

3.1.11 Avanço com flexão do tronco

- Segurar a *medicine ball* junto ao peito. Com os dois pés paralelos, dar um passo à frente, flexionar o tronco e levar a *medicine ball* próximo ao pé anterior. Em seguida, retornar à posição inicial.
- Músculos: quadríceps (extensão do joelho), adutor magno de parte longa (extensão do quadril), piriforme (extensão do quadril), semitendíneo (extensão do quadril), semimembranáceo (extensão do quadril), bíceps femoral de cabeça longa (extensão do quadril), glúteo máximo (extensão do quadril), glúteo médio (extensão do quadril), glúteo (extensão do tronco), quadrado lombar (extensão do tronco), iliocostal do pescoço, torácico e lombar (extensão do tronco), longo da cabeça, do pescoço e do tórax (extensão do tronco), espinhais da cabeça, do pescoço e do tórax (extensão do tronco), multífido lombar (extensão do tronco).

3.1.12 Pêndulo

- Com os pés na largura dos ombros, segurar a *medicine ball* com as duas mãos acima da cabeça. Flexionar os joelhos, os quadris e o tronco e, com os cotovelos estendidos, deixar o peso descer até passar por entre os joelhos. Voltar à posição inicial.
- Músculos: deltoide clavicular (flexão do ombro), coracobraquial (flexão do ombro), peitoral maior parte clavicular (flexão do ombro), cabeça longa do bíceps braquial (flexão do ombro), trapézio descendente (rotação da escápula para cima), serrátil anterior (rotação da escápula para cima), quadrado lombar (extensão do tronco), iliocostal do pescoço, torácico e lombar (extensão do tronco), longo da cabeça, do pescoço e do tórax (extensão do tronco), espinhais da cabeça, do pescoço e do tórax (extensão do tronco), multífido lombar (extensão do tronco).

3.1.13 Lenhador

- Com os pés na largura dos ombros, segurar a *medicine ball* com as duas mãos acima do ombro direito. Com os cotovelos estendidos, flexionar os joelhos e realizar uma rotação lateral do tronco. Simultaneamente, realizar uma flexão do tronco e uma extensão dos ombros em direção à perna esquerda. Voltar à posição inicial e, depois, inverter os lados.
- Músculos: deltoide clavicular (flexão do ombro), coracobraquial (flexão do ombro), peitoral maior parte clavicular (flexão do ombro), cabeça longa do bíceps braquial (flexão do ombro), trapézio descendente (rotação da escápula para cima), serrátil anterior (rotação da escápula para cima), quadrado lombar (extensão do tronco), iliocostal do pescoço, torácico e lombar (extensão do tronco), longo da cabeça, do

pescoço e do tórax (extensão do tronco), espinhais da cabeça, do pescoço e do tórax (extensão do tronco), multífido lombar (extensão do tronco), oblíquo interno (flexão lateral do tronco), oblíquo externo (flexão lateral do tronco), abdome (flexão lateral do tronco), quadrado lombar (flexão lateral do tronco), iliocostal do pescoço, torácico e lombar (flexão lateral do tronco), longo da cabeça, do pescoço e do tórax (flexão lateral do tronco), espinhais da cabeça, do pescoço e do tórax (flexão lateral do tronco), multífido lombar (flexão lateral do tronco).

3.1.14 Agachamento unilateral

- Segurar a *medicine ball* com os ombros flexionados e os cotovelos estendidos. Manter um dos pés apoiado e o outro em pequena elevação. Realizar a flexão do quadril e do joelho da perna que estiver no solo. Com a perna contrária, realizar apenas a flexão do quadril, mantendo o joelho estendido. Descer o máximo possível sobre uma perna e, depois, retornar à posição inicial. Prosseguir, invertendo as pernas.
- Músculos: quadríceps (extensão do joelho), adutor magno de parte longa (extensão do quadril), piriforme (extensão do quadril), semitendíneo (extensão do quadril), semimembranáceo (extensão do quadril), bíceps femoral de cabeça longa (extensão do quadril), glúteo máximo (extensão do quadril), glúteo médio (extensão do quadril).

- Hoffman et al. (2003) compararam a realização do exercício de agachamento com baixa intensidade e alto volume de repetições com o de alta intensidade e baixo volume de repetições. Não foi percebida nenhuma alteração na utilização do oxigênio, mas identificou-se aumento no hormônio de crescimento nos treinos de baixa intensidade e alto volume de repetições. O resultado mostrou que esse tipo de treinamento pode ser muito significativo para hipertrofia muscular. Outra pesquisa (McCurdy e Langford, 2006) mostra, ainda, que existe uma diferença de 6% de ganho de uma perna para a outra em trabalhos bilaterais; daí a necessidade de treinamentos unilaterais. Além disso, nos exercícios unilaterais ocorre um maior recrutamento de músculos estabilizadores, possibilitando um futuro aumento de carga dentro da periodização (Boudreau et al., 2009).

3.1.15 Desenvolvimento

- Segurar a *medicine ball* sobre o peitoral clavicular, inspirar e promover a apneia. Realizar a flexão do ombro e extensão do cotovelo. Na metade do movimento, começar a expirar. Retornar à posição inicial, inspirando. (Este exercício deve ser realizado em pé para a utilização de músculos estabilizadores.)
- Músculos: deltoide acromial e clavicular (abdução do ombro), peitoral maior clavicular (abdução do ombro depois dos 90°), coracobraquial (abdução do ombro), tríceps (extensão do cotovelo), ancôneo (extensão do cotovelo), serrátil anterior (rotação para cima da escápula), trapézio descendente (rotação para cima da escápula).
- Realizar treinos de baixa intensidade no calor pode aumentar a potência em 7% nos dias frios (Lorenzo et al., 2010).

3.1.16 Desenvolvimento com rotação

- Segurar a *medicine ball* junto do peito, realizar a flexão do ombro, a extensão do cotovelo e a rotação lateral do tronco. Retornar à posição inicial. (Este exercício deve ser realizado em pé para a utilização de músculos estabilizadores.)
- Músculos: deltoide acromial e clavicular (abdução do ombro), peitoral maior clavicular (abdução do ombro depois dos 90°), coracobraquial (abdução do ombro), tríceps (extensão do cotovelo), ancôneo (extensão do cotovelo), serrátil anterior (rotação para cima da escápula), trapézio descendente (rotação para cima da escápula), eretores da espinha (extensão da coluna), glúteo (extensão da coluna), oblíquos interno e externo (rotações do tronco).

3.1.17 Flexão lateral do tronco (Y)

- Em pé, segurando a *medicine ball* com as mãos, flexionar o tronco, posicionando a bola entre os tornozelos. Realizar a extensão do tronco, a flexão do ombro, a extensão do cotovelo e a flexão lateral do tronco. Fazer a flexão do lado oposto e retornar à posição inicial.
- Músculos: deltoide acromial e clavicular (abdução do ombro), peitoral maior clavicular (abdução do ombro depois dos 90°), coracobraquial (abdução do ombro), tríceps (extensão do cotovelo), ancôneo (extensão do cotovelo), serrátil anterior (rotação para cima da escápula), trapézio descendente (rotação para cima da escápula), oblíquo interno (flexão lateral do tronco), oblíquo externo (flexão lateral do tronco), abdome (flexão lateral do tronco), quadrado lombar (flexão lateral do tronco), iliocostal do pescoço, torácico e lombar (flexão lateral do tronco), longo da cabeça, do pescoço e do tórax (flexão lateral do tronco), espinhais da cabeça, do pescoço e do tórax (flexão lateral do tronco), multífido lombar (flexão lateral do tronco).

3.1.18 *Pullover* completo

Este exercício trabalha a musculatura do peitoral e dos músculos dorsais e é ótimo para ser utilizado quando as duas musculaturas forem trabalhadas no mesmo dia.

Morton, Whitehead e Brinkert (2011) afirmam que aumentar a amplitude dos movimentos pode ser mais eficiente no treino de flexibilidade.

- Deitada em decúbito dorsal, segurar a *medicine ball* sobre as coxas com as mãos. Realizar a flexão do ombro até a parte posterior da cabeça (ângulo reto). Voltar à posição inicial, expirando.
- Músculos: deltoide clavicular (flexão do ombro), coracobraquial (flexão do ombro), peitoral maior da parte clavicular

(flexão do ombro), cabeça longa do bíceps braquial (flexão do ombro), trapézio descendente (rotação da escápula para cima), serrátil anterior (rotação da escápula para cima), latíssimo do dorso (extensão do ombro), redondo maior (extensão do ombro), deltoide espinal (extensão do ombro), tríceps cabeça longa (extensão do ombro), peitoral maior (extensão do ombro), serrátil anterior (abdução da escápula).

3.1.19 Remada alta

- Com os pés na largura dos ombros, segurar a *medicine ball* à frente do corpo, na altura dos quadris. Realizar uma abdução do ombro e uma flexão do cotovelo, levando a *medicine ball* bem próximo ao queixo. Fazer uma inspiração antes do início do movimento. Expirar na altura do esterno e, depois, voltar à posição inicial, inspirando.
- Músculos: trapézio descendente (rotação para cima da escápula), serrátil anterior (rotação para cima da escápula), deltoide acromial (abdução do ombro), bíceps braquial (flexão do cotovelo), braquial (flexão do cotovelo).

3.1.20 Flexão com apoio

- Deixar o corpo reto, apoiando-se na ponta dos pés, com ambas as mãos sobre a *medicine ball*. Realizar, na fase excêntrica, a aproximação do tórax na bola e, na fase concêntrica, o movimento de extensão do cotovelo e flexão dos ombros.
- Músculos: peitoral maior (flexão do braço), deltoide clavicular (flexão do braço), coracobraquial (flexão do braço), serrátil anterior (abdução da escápula), tríceps (extensão do cotovelo), ancôneo (extensão do cotovelo) (Bossi, 2011).

3.1.21 Flexão com apoio unilateral

- Deixar o corpo reto, apoiando-se na ponta dos pés e com ambas as mãos, uma delas sobre a *medicine ball*. Realizar, na fase excêntrica, a aproximação do tórax no solo e, na fase concêntrica, o movimento de extensão do cotovelo e de adução horizontal do ombro. Voltar à posição inicial, alternando as mãos.
- Músculos: peitoral maior (adução horizontal do ombro), deltoide clavicular (adução horizontal do braço), serrátil anterior (abdução da escápula), tríceps (extensão do cotovelo), ancôneo (extensão do cotovelo).

3.1.22 Flexão com troca de apoio unilateral

- Deixar o corpo reto, apoiando-se na ponta dos pés e com ambas as mãos, uma delas sobre a *medicine ball*. Realizar, na fase excêntrica, a aproximação do tórax no solo e, na fase concêntrica, o movimento de extensão do cotovelo e de adução horizontal do ombro na maior velocidade e força possíveis. Isso permitirá perder o contato com a bola e realizar um trabalho pliométrico para os membros superiores, no qual é exigida a rápida mudança de força da fase excêntrica para a fase concêntrica. Realizar a troca de mão sobre a bola, repetindo o número de vezes estipulado na série (Lockie et al., 2012).
- Músculos: peitoral maior (adução horizontal do ombro), deltoide clavicular (adução horizontal do braço), serrátil anterior (abdução da escápula), tríceps (extensão do cotovelo), ancôneo (extensão do cotovelo).

3.1.23 Flexão do tronco com sobrecarga nos pés

- Deixar os quadris flexionados e os joelhos estendidos. Manter a *medicine ball* entre os pés, flexionar o tronco e levar as mãos o mais próximo possível da bola. Voltar à posição inicial.
- Músculos: reto do abdome (flexão da coluna), oblíquo interno (flexão da coluna), oblíquo externo (flexão da coluna), iliopsoas (flexão do quadril), reto da coxa (flexão do quadril), tensor da fáscia lata (flexão do quadril), sartório (flexão do quadril), adutor longo (flexão do quadril), adutor magno de parte anterior (flexão do quadril), adutor curto (flexão do quadril).

3.1.24 Flexão do tronco com braços estendidos

- Manter os quadris e os joelhos flexionados. Segurar a *medicine ball* sobre a cabeça e flexionar o tronco, projetando a bola para cima, o que aumentará a intensidade do exercício. Voltar à posição inicial.
- Músculos: reto do abdome (flexão da coluna), oblíquo interno (flexão da coluna), oblíquo externo (flexão da coluna), iliopsoas (flexão do quadril), reto da coxa (flexão do quadril), tensor da fáscia lata (flexão do quadril), sartório (flexão do quadril), adutor longo (flexão do quadril), adutor magno de parte anterior (flexão do quadril), adutor curto (flexão do quadril).

3.1.25 Flexão do tronco com elevação das pernas

Para a descrição deste exercício, contou-se com as análises mecânicas do engenheiro e profissional de Educação Física Leandro Souza, e com a colaboração de Karen Neri, outra profissional da área. Na ocasião, todos participavam de um curso de eletromiografia (EMG) em João Pessoa, Paraíba. Com base nas análises realizadas, verificou-se um aumento de quase 50% de estímulo elétrico nas fibras do abdome, em razão do aumento do braço de resistência por causa da flexão plantar e da neutralização da cadeia muscular nos membros inferiores.

- Manter os quadris flexionados, os joelhos estendidos e os pés em flexão plantar. Segurar a *medicine ball* sobre a cabeça, flexionar o tronco e levar a bola o mais próximo possível dos pés. Voltar à posição inicial.
- Músculos: reto do abdome (flexão da coluna), oblíquo interno (flexão da coluna), oblíquo externo (flexão da coluna),

iliopsoas (flexão do quadril), reto da coxa (flexão do quadril), tensor da fáscia lata (flexão do quadril), sartório (flexão do quadril), adutor longo (flexão do quadril), adutor magno de parte anterior (flexão do quadril), adutor curto (flexão do quadril).

3.1.26 Abdominal na bola com *medicine ball*

- Deitada em decúbito dorsal na *fitball* e com os joelhos flexionados, segurar a *medicine ball* com os ombros flexionados e os cotovelos estendidos sobre o tórax. Em seguida, realizar a flexão do tronco. Voltar à posição inicial.
- Músculos: reto do abdome (flexão da coluna), oblíquo interno (flexão da coluna), oblíquo externo (flexão da coluna).

3.1.27 Rotação do tronco na *fitball*

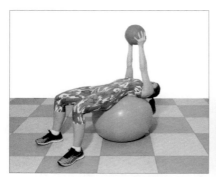

- Apoiar as costas na *fitball*. Segurar a *medicine ball* com os ombros flexionados e os cotovelos estendidos. Realizar a rotação lateral do tronco para um dos lados. Voltar à posição inicial e repetir o exercício no lado oposto.
- Músculos: oblíquo externo (rotação do tronco do lado oposto), oblíquo interno (rotação do tronco para o mesmo lado), iliocostais, torácicos e lombares (rotação para o mesmo lado), longo da cabeça, do pescoço e do tórax (rotação para o mesmo lado), espinhais da cabeça, pescoço e tórax (rotação para o mesmo lado), rotadores (rotação para o mesmo lado).

3.1.28 Flexão lateral do tronco

- Deitada de lado, no solo ou no banco, manter a *medicine ball* entre os pés e realizar, simultaneamente, uma flexão lateral do tronco e uma abdução do quadril, fazendo que o ombro e os joelhos percam o contato com o solo. Em seguida, voltar à posição inicial.
- Músculos: oblíquo interno (flexão lateral do tronco), oblíquo externo (flexão lateral do tronco), abdome (flexão lateral do tronco), quadrado lombar (flexão lateral do tronco), iliocostal do pescoço, torácico e lombar (flexão lateral do tronco), longo da cabeça, do pescoço e do tórax (flexão lateral do tronco), espinhais da cabeça, do pescoço e do tórax (flexão lateral).

3.1.29 Hiperextensão lombar

- Deitada no solo em decúbito ventral, segurar a *medicine ball* com ambas as mãos, com os ombros flexionados e os cotovelos estendidos, com ou sem bola nos pés. Realizar a hiperextensão do tronco, fazendo que ocorra a perda simultânea de contato do tórax e dos joelhos com o solo. Retornar à posição inicial (Bossi, 2013).
- Músculos: quadrado lombar (extensão do tronco), iliocostal do pescoço, torácico e lombar (extensão do tronco), longo da cabeça, do pescoço e do tórax (extensão do tronco), espinhais da cabeça, do pescoço e do tórax (extensão do tronco), multífido lombar (extensão do tronco).

3.1.30 Ponte completa

- Apoiar a ponta dos pés no solo e segurar a *medicine ball* com ambas as mãos. Girar a bola lentamente, realizando a flexão do ombro até atingir o maior ângulo possível. Retornar à posição inicial.
- Músculos: quadrado lombar (extensão do tronco), iliocostal do pescoço, torácico e lombar (extensão do tronco), longo da cabeça, do pescoço e do tórax (extensão do tronco), espinhais da cabeça, do pescoço e do tórax (extensão do tronco), multífido lombar (extensão do tronco) (Abigail, 2012).

3.1.31 Flexão do tronco com salto e sobrecarga

- Em pé, segurar a *medicine ball* e realizar um avanço com flexão do tronco, aproximando a bola do pé. Girar 180° e realizar um salto com ambas as pernas, buscando atingir o ponto mais alto com a *medicine ball*. Repetir o movimento alternando a perna de avanço (Boyle, 2004).
- Músculos: quadríceps (extensão do joelho), adutor magno de parte longa (extensão do quadril), piriforme (extensão do quadril), semitendíneo (extensão do quadril), semimembranáceo (extensão do quadril), bíceps femoral de cabeça longa (extensão do quadril), glúteo máximo (extensão do quadril), glúteo médio (extensão do quadril).

Periodização do treinamento funcional de força e potência

4.1 Método FIT

O método FIT (*functional intensity training*) consiste em um sistema de treinamento intervalado de alta intensidade, em que o controle da intensidade é realizado pelo tempo de recuperação, pela sobrecarga e pelo grau de dificuldade do exercício, combinando perfeitamente macropausas, micropausas e exercícios de baixa e alta intensidades, com carga que permita o tempo de execução. A estrutura é aumentada gradativamente a fim de que o organismo não crie platôs de rendimento.

Quatro modelos de treinamento possibilitam que pessoas, num grau intermediário ou avançado em treinamento funcional e de força, realizem exercícios de potência, velocidade e força, sempre em um alto grau de intensidade que estimule as fibras de contração rápida, elevando o gasto calórico. São eles:

- Grau I: visa provocar adaptações neuromusculares e cardiorrespiratórias para que sejam utilizadas no Grau II e no *Advanced*. Deve ser realizado por pessoas já treinadas e possui a seguinte estrutura:
  - Realizam-se 3 séries de 20 segundos de exercícios, com micropausas de 20 segundos entre as séries. Após a terceira série, fazer uma macropausa de 1 minuto, pois isso possibilita uma melhor recuperação, permitindo a utilização de uma sobrecarga maior e de exercícios mais intensos. Repete-se o processo, totalizando 6 séries do mesmo exercício, com 4 micropausas de 20 segundos e 2 macropausas de 1 minuto. Logo após a segunda macropausa de 1 minuto, deve-se iniciar uma nova série e um novo exercício. Cada ciclo de exercício tem um total de 5 minutos e 20 segundos.
  - Os exercícios que devem ser realizados são de dificuldade baixa, e espera-se que o indivíduo já esteja adaptado a realizar com *kettlebell*, por exemplo: *swing* russo, agachamento sobre o *step* e remadas unilaterais; e com *medicine ball*: avanço, *swing* americano e *pullover*; além de meio agachamento com salto, subida de escada correndo etc.
- Grau II: visa utilizar as adaptações neuromusculares e cardiorrespiratórias provocadas no Grau I e continuar com elas para utilização no *Advanced*. Deve ser feito por pessoas

que já realizam o Grau I com normalidade, e possui a seguinte estrutura:

- Realizam-se 3 séries de 20 segundos de exercícios, com micropausas de 10 segundos entre as séries. Após a terceira série, uma macropausa de 1 minuto, pois isso possibilita uma melhor recuperação, permitindo a utilização de uma sobrecarga maior e de exercícios mais intensos. Repete-se o processo, totalizando 6 séries do mesmo exercício, com 4 micropausas de 10 segundos e 2 macropausas de 1 minuto. Logo após a segunda macropausa de 1 minuto, deve-se iniciar uma nova série e um novo exercício. Cada ciclo de exercício tem um total de 4 minutos e 50 segundos.
- Os exercícios que devem ser realizados têm um nível de dificuldade maior e são mais complexos que os anteriores. Podem ser realizados com *kettlebell*, por exemplo: *swing* americano e agachamento com desenvolvimento; e com *medicine ball*: avanço com elevação frontal e lenhador; além de agachamento com salto, saltos laterais etc.

- *Advanced* I: visa utilizar as adaptações neuromusculares e cardiorrespiratórias provocadas nos Graus I e II e continuar com elas para utilização no *Advanced* II. Deve ser feito por pessoas que já realizam os Graus I e II com normalidade, e possui a seguinte estrutura:
  - Realizam-se 3 séries de 20 segundos de exercícios, tão intensos quanto os do Grau II ou mais complexos, com descanso ativo de 20 segundos entre as séries. Esse des-

canso deve ser realizado com exercícios menos intensos, de preferência buscando agilidade e/ou resistência muscular localizada. Depois da terceira série, fazer um intervalo de 1 minuto, pois isso possibilita uma melhor recuperação, permitindo a utilização de uma sobrecarga maior e de exercícios mais intensos. Repete-se o processo, totalizando 6 séries do mesmo exercício, com 4 descansos ativos e 2 pausas de 1 minuto. Logo após a segunda pausa de 1 minuto, deve-se iniciar uma nova série e um novo exercício. Cada ciclo de exercício tem um total de 5 minutos e 20 segundos.

- Os exercícios que devem ser realizados têm um nível de dificuldade maior ou igual ao dos exercícios do Grau II. Combinados com exercícios de agilidade, será possível realizar movimentos com um nível de coordenação maior, recrutando assim outras fibras musculares. Exercícios mais complexos que os anteriores podem ser realizados, como agachamento com *kettlebell* e descanso ativo com flexão dos joelhos e toque do calcanhar nos glúteos; avanço andando e descanso ativo com pliometria de impulsos alternados; salto em profundidade e descanso ativo na rosca alternada com *kettlebell*; agachamento com salto e *medicine ball*, com descanso ativo realizando flexão de braço; entre outras combinações.

- *Advanced* II: todo o processo anterior é para assegurar a capacidade e o rendimento deste método, que é o mais intenso de todos e busca adaptações extremas entre as neuromusculares e as cardiorrespiratórias. Deve ser praticado por pessoas que já realizam os Graus I, II e *Advanced* I com normalidade, e possui a seguinte estrutura:

- Realizam-se 3 séries de 30 segundos de exercícios, tão intensos quanto os do *Advanced* I ou mais complexos, com descanso ativo de 30 segundos entre as séries. Esse descanso deve ser realizado com exercícios menos intensos, de preferência buscando agilidade e/ou resistência muscular localizada. Após a terceira série, fazer um intervalo de 1 minuto, pois isso possibilita uma melhor recuperação, permitindo a utilização de uma sobrecarga maior e de exercícios mais intensos. Repete-se o processo, totalizando 6 séries do mesmo exercício, com 4 descansos ativos e 2 pausas de 1 minuto. Logo após a segunda pausa de 1 minuto, deve-se iniciar uma nova série e um novo exercício. Cada ciclo de exercício tem um total de 7 minutos.
- Os exercícios que devem ser realizados são de um nível de dificuldade maior ou igual ao dos exercícios do *Advanced* I. Combinados com exercícios de agilidade, será possível realizar movimentos com um nível de coordenação maior, recrutando outras fibras musculares. Exercícios mais complexos que os anteriores podem ser realizados, como elevação lateral com *kettlebell* e descanso ativo com polichinelos; agachamento com desenvolvimento unilateral e descanso ativo na escada de coordenação; salto em profundidade com descanso ativo na remada alta

com *medicine ball*; agachamento com salto com *medicine ball* e descanso ativo realizando passe de peito com *medicine ball*, entre outras combinações.

A maioria das pesquisas sobre redução de gordura se direciona para exercícios prolongados e cíclicos, porém esses tipos de treino levam a uma perda de peso insignificante (Shaw et al., 2006; Wu et al., 2009). Whyte, Gill e Cathcart (2010) realizaram um treinamento intervalado de alta intensidade por duas semanas e perceberam aumento de receptores β-adrenérgicos encontrados no abdome em relação à gordura subcutânea (Rebuffé-Scrive et al., 1989), o que sugere que esse tipo de treinamento pode ter potencial para reduzir a gordura abdominal. O treinamento de resistência aeróbia aumenta a sensibilidade do receptor β-adrenérgico no tecido adiposo (Crampes et al.,1986).

Nevill et al. (1996) examinaram o nível do hormônio do crescimento (GH) e a intensidade da resposta com 30 segundos de duração por série de exercício em pessoas treinadas, e viram que a concentração de GH ainda era dez vezes maior do que os níveis basais após uma hora de recuperação.

Pesquisas com utilização de exercícios intervalados de alta intensidade (p. ex., Teixeira et al., 2004) mostram resultados significativos na frequência cardíaca, nas catecolaminas, no cortisol, no hormônio do crescimento e no lactato plasmático, além de um decréscimo significativo na reativação parassimpática depois da prática e esgotamento de ATP, PCr e nos estoques de glicogênio. Já as respostas crônicas demonstram o aumento da aptidão aeróbia e anaeróbia, adaptações do músculo esquelético, redução de insulina em jejum, resistência à insulina e maior perda de gordura para exercer intervenções em indivíduos que tinham maior massa gorda inicial. Portanto, é possível que o treinamento traga uma redução de gordura maior naqueles com sobrepeso ou obesos.

Esse e muitos outros estudos sobre treinamento intervalado de alta intensidade mostram que ele atua significativamente no aumento da aptidão aeróbia e anaeróbia, realiza adaptações do músculo esquelético e parece exercer ações agudas e crônicas com relação ao efeito da sensibilidade à insulina. Quanto à perda de gordura subcutânea e abdominal, tais estudos são promissores; contudo, mais pesquisas com indivíduos com sobrepeso precisam ser realizadas, o que não deixa de ser atraente para a maioria dos interessados em gasto de calorias (Boutcher, 2010).

O método FIT deve ser utilizado em consonância com a periodização que veremos a seguir.

4.2 Periodização com o método FIT

Para estruturar o treinamento funcional, é necessário entender a periodização, que é o planejamento geral e detalhado do tempo disponível para o treinamento, de acordo com os objetivos intermediários perfeitamente estabelecidos, respeitando-se os princípios científicos do exercício (Dantas, 1998).

Segundo Stoppani (2008), a periodização é a manipulação sistemática das variáveis agudas do treinamento em um período de dias, meses e anos, buscando-se um pico de *performance* em um período determinado, tendo como base a síndrome de adaptação geral.

A periodização tem sua origem nos anos 1950, no início da sistematização do treinamento. Dos anos 1950 aos anos 1970, os questionamentos do modelo clássico aumentaram e surgiram novas propostas. Dos anos 1970 até hoje, houve grande evolução nos estudos realizados (Gomes, 2002).

Vários estudiosos abordam as estruturas de periodização, como Matveiev, Verkhoshanski, Fleck, Rhea e Forteza, entre outros. Aqui, a exemplificação será com base nos sinos de Forteza.

Vale lembrar que a periodização feminina deve levar em conta o ciclo menstrual, e o controle de intensidade deve respeitar o referido ciclo.

4.2.1 Ciclo menstrual

A mulher tem um ciclo de treinamento não constante em virtude da menstruação, de sorte que existem fases ideais para um trabalho mais forte, assim como para a redução da intensidade. Veja um exemplo para um ciclo menstrual de 28 dias (Guedes Jr., 1997).

- Fase da menstruação: dependendo da mulher, nesta fase pode haver um desempenho maior ou menor; entretanto, o desempenho é reduzido nos dias de maior fluxo (1º ao 4º dia).
- Fase pós-menstrual: desempenho ideal (alto rendimento) (5º ao 11º dia).
- Fase intermenstrual: desempenho normal (12º ao 22º dia).
- Fase pré-menstrual: desempenho reduzido (23º ao 28º dia).

4.2.2 Sinos de Forteza (passo a passo)

Os sinos estruturais seguem o princípio de diferenciação entre as cargas gerais e específicas, com base no qual ele determina as direções condicionantes do rendimento (DCR) e as direções determinantes do rendimento (DDR). Durante o macrociclo, as cargas de DDR serão maiores que as de DCR.

O mais importante é identificar os objetivos e as ações que são condicionantes e determinantes para a melhora do rendimento. Assim, se o objetivo for equilíbrio, exercícios em bases instáveis serão determinantes e o trabalho de força será condicionante (Forteza, 1999, 2001b). Ao longo de um ano de treinamento, é possível estruturar vários sinos, podendo-se utilizar alguns deles em um macrociclo.

As direções do treinamento constituem, em definitivo, os conteúdos condicionantes e determinantes de preparação, e são planejadas em toda a macroestrutura do treinamento (Forteza, 2001a). Desse modo, em uma periodização que priorize um trabalho de força e potência, o primeiro passo é identificar as DCR e as DDR no treinamento funcional, como no modelo a seguir:

DCR
Flexibilidade
Trabalhos em bases instáveis
Isometria
Essas três direções vão dar condições para um melhor desempenho na busca de força e potência.

DDR

Força

Potência

Agilidade

Essas três direções serão determinantes para que se atinja o objetivo de busca de força e potência.

Após identificar as direções, é preciso elaborar as cargas de treinamento, a fim de saber as condições do treino, que será realizado 1 hora por dia, 3 vezes por semana.

Calculando:

3 horas por semana

12 horas por mês (é necessário transformar essas horas em minutos; para isso, basta multiplicar por 60).

1 hora = 60 minutos

3 horas = 180 minutos

12 horas = 720 minutos

48 horas = 2.880 minutos

Feito isso, é preciso identificar, no macrociclo, os valores das direções em cada mesociclo, bem como o número de microciclos em cada mesociclo, desenhando assim os sinos:

Primeiro mesociclo

3 microciclos

60% DDR

40% DCR

Segundo mesociclo

4 microciclos

70% DDR

30% DCR

Terceiro mesociclo

4 microciclos

80% DDR

20% DCR

Quarto mesociclo

5 microciclos

90% DDR

10% DCR

Gráfico 4.1 – Desenho dos sinos

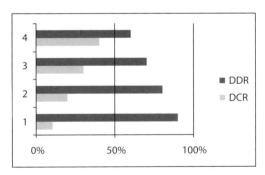

Desenhados os sinos, resta determinar o valor das ações em cada mesociclo. Nesse processo, serão três as ações condicionantes: flexibilidade, bases instáveis e isometria. Estas começarão com trabalhos de adaptação, sofrendo alterações nos valores no decorrer do mesociclo, como se pode observar a seguir:

Primeiro mesociclo
10% de flexibilidade
40% de bases instáveis
50% de isometria

Segundo mesociclo
30% do total de 216 minutos
10% de flexibilidade (21 min)
30% de bases instáveis (65 min)
60% de isometria (130 min)

Terceiro mesociclo
20% do total de 144 minutos
10% de flexibilidade (14 min)
30% de bases instáveis (43 min)
60% de isometria (87 min)

Quarto mesociclo
10% do total de 72 minutos
10% de flexibilidade (7 min)
30% de bases instáveis (22 min)
60% de isometria (43 min)

Desenhados os sinos, resta determinar o valor das ações em cada mesociclo. Nesse processo, serão três as ações determinantes: força, potência e agilidade. Estas começarão com trabalhos de adaptação, sofrendo alterações nos valores no decorrer do mesociclo, como se pode observar a seguir:

Primeiro mesociclo
70% de força
20% de potência
10% de agilidade

Segundo mesociclo
70% do total de 504 minutos
65% de força (327 min)
25% de potência (126 min)
10% de agilidade (51 min)

Terceiro mesociclo
80% do total de 576 minutos
55% de força (317 min)
30% de potência (172 min)
15% de agilidade (87 min)

Quarto mesociclo
90% do total de 648 minutos
50% de força (324 min)
30% de potência (195 min)
20% de agilidade (129 min)

Determinado o valor de cada ação e mesociclo, resta calcular o tempo de cada ação durante o mesociclo. Observe-se o exemplo:

Primeiros mesociclos

3 microciclos (3 semanas)

- 540 minutos
  - 324 minutos para DDR:
    - 226 minutos de força
    - 65 minutos de potência
    - 33 minutos de agilidade

  - 216 minutos para DCR:
    - 21 minutos de flexibilidade
    - 86 minutos de bases instáveis
    - 109 minutos de isometria

Observem-se agora dois exemplos de estruturação no primeiro mesociclo. No primeiro exemplo, se todas as direções fossem realizadas três vezes por semana, os treinos ficariam assim:

- 60 minutos
  - 36 minutos para DDR:
    - 24 minutos de força
    - 8 minutos de potência
    - 4 minutos de agilidade

- 24 minutos para DCR:

    2,5 minutos de flexibilidade

    9,5 minutos de bases instáveis

    12 minutos de isometria

Já no segundo exemplo, que seria realizado em dois dias, intercalando DDR e DCR, os treinos ficariam da seguinte forma:

Primeiro e terceiro dias (DDR)

54 minutos para DDR:

　37,5 minutos de força

　11 minutos de potência

　5,5 minutos de agilidade

Segundo dia (DCR)

72 minutos para DCR:

　7 minutos de flexibilidade

　29 minutos de bases instáveis

　36 minutos de isometria

Observem-se agora dois exemplos de estruturação para o segundo mesociclo. No primeiro exemplo, sendo realizadas três vezes por semana todas as direções, os treinos ficariam assim:

- 60 minutos

    - 42 minutos para DDR:

        27 minutos de força

10 minutos de potência

5 minutos de agilidade

- 18 minutos para DCR:

    2 minutos de flexibilidade

    6 minutos de bases instáveis

    10 minutos de isometria

Já no segundo exemplo, que seria realizado em dois dias, intercalando DDR e DCR, os treinos ficariam assim:

Primeiro e terceiro dias (DDR)

63 minutos para DDR:

    41 minutos de força

    15 minutos de potência

    7 minutos de agilidade

Segundo dia (DCR)

54 minutos para DCR:

    6 minutos de flexibilidade

    16 minutos de bases instáveis

    32 minutos de isometria

A estruturação para o terceiro mesociclo, com base no segundo exemplo apresentado anteriormente, ficaria inviável de se realizar em dois dias intercalados, porque o tempo de treino seria reduzido no dia de DCR (36 min), com grande quantidade nos dias de DDR (72 min).

Ele poderia ser realizado três vezes por semana, com todas as direções, e os treinos ficariam assim:

- 60 minutos
  - 48 minutos para DDR:
    26 minutos de força
    14 minutos de potência
    8 minutos de agilidade

  - 12 minutos para DCR:
    1,5 minuto de flexibilidade
    3,5 minutos de bases instáveis
    7 minutos de isometria

A estruturação para o quarto mesociclo, com base no exemplo apresentado anteriormente, ficaria inviável de se realizar em dois dias intercalados, porque o tempo de treino ficaria reduzido no dia de DCR (18 min), com grande quantidade nos dias de DDR (81 min).

Ele poderia ser realizado três vezes por semana, com todas as direções, e os treinos ficariam da seguinte forma:

- 60 minutos
  - 54 minutos para DDR:
    27 minutos de força
    16 minutos de potência
    11 minutos de agilidade

- 6 minutos para DCR:
    1 minuto de flexibilidade
    2 minutos de bases instáveis
    3 minutos de isometria

Elaborada a estrutura de sinos de Forteza para treinamento funcional, deve-se analisar o volume de treinamento para controlar a sua intensidade. Ele deverá ser comparado às condições dos mesociclos de fatores de tempo e à posição do conteúdo do treinamento funcional (cargas de treinamento, direções determinantes e condicionantes).

O tempo dos mesociclos se refere basicamente à sua quantidade de microestrutura. Segundo a teoria tradicional, poderá ser um número que oscila entre dois (mínimo) e seis ou sete (máximo) microciclos. Forteza (2003) demonstra a proporcionalidade que deve existir entre o tempo e a relação de cargas (conteúdo de preparação). Essa proporcionalidade deve ser considerada na relação que se estabelece entre os tipos de preparação: *determinantes* e *condicionantes*.

A fórmula que expressa o *índice de intensidade* do mesociclo é simples: deve-se subtrair a porcentagem de DDR da porcentagem de DCR no mesociclo e dividir pelo número de microciclos deste:

DDR - DCR / nº microciclos = índice de intensidade do mesociclo

Analisando o primeiro mesociclo (ver pág. 152), tem-se:
60% (DDR) - 40% (DCR) / 3 microciclos =
60 - 40 / 3 = 6,6

Analisando o segundo mesociclo, tem-se:
70% (DDR) - 30% (DCR) / 4 microciclos =
70 - 30 / 4 = 10

Analisando o terceiro mesociclo, tem-se:
80% (DDR) - 20% (DCR) / 4 microciclos =
80 - 20 / 4 = 15

Analisando o quarto mesociclo, tem-se:
90% (DDR) - 10% (DCR) / 5 microciclos =
90 - 10 / 5 = 16

Gráfico 4.2 – Índice dos mesociclos

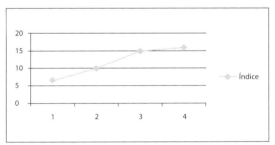

O macrociclo elaborado para o treinamento funcional apresenta 4 mesociclos e 16 microciclos, com suas respectivas preparações determinantes e condicionantes (Forteza, 2004).

À medida que o treinamento avança pelo macrociclo, o índice de intensidade do mesociclo deve aumentar. Os exercícios ficam sob a responsabilidade do profissional de Educação Física, lembrando que o exemplo apresentado poderá sofrer variações em razão da individualidade biológica de cada indivíduo. Os exercícios de bases instáveis, isométricos e de flexibilidade são utilizados como exemplos, e não fazem parte do ideal de demonstração desta obra, que objetiva o aprimoramento do conteúdo de força (*kettlebell*), agilidade (*medicine ball*) e trabalho pliométrico (potência).

É importante saber combinar os treinamentos de DDR e DCR para que não ocorra o treinamento concorrente nem a prevalência de determinados treinos, o que poderá atrapalhar os resultados finais. Monteiro e Lopes (2009) fazem uma análise das capacidades que podem ser prejudicadas nessas combinações. São elas:

- Força máxima + resistência (aeróbia ou anaeróbia): prejudica a força máxima;
- Hipertrofia + resistência (aeróbia ou anaeróbia): prejudica a hipertrofia;
- Força explosiva + resistência (aeróbia ou anaeróbia): prejudica a força explosiva;
- Velocidade + resistência (aeróbia ou anaeróbia): prejudica a velocidade;
- Força máxima + velocidade: não há prejuízos;
- Força máxima + resistência (aeróbia ou anaeróbia): prejudica a força máxima;
- Força máxima + hipertrofia: se o objetivo for força máxima, esta será prejudicada;
- Força máxima + força explosiva: não há prejuízo;
- Hipertrofia + força explosiva: se o objetivo for força explosiva, esta será prejudicada;

- Hipertrofia + velocidade: se o objetivo for velocidade, esta será prejudicada.

Algumas considerações devem ser levadas em conta, como a necessidade de reduzir o volume de treino na quarta semana, já que a recuperação ajuda na melhora da *performance*, podendo-se obter um ganho de 29% na força (Kell e Asmundson, 2009). Saber combinar o volume de treino em séries também é importante, pois um grande volume possibilita maior ganho de força. Robbins, Marshall e McEwen (2012) mostraram que a realização de 8 séries de agachamento aumentou a força de alguns indivíduos em 20%, ao passo que aqueles que realizaram apenas 4 séries aumentaram sua força em 14%.

É preciso sempre usar a criatividade acompanhada da teoria e da prática, pois somente assim o treinamento funcional vai se solidificar cada vez mais nos trabalhos de força, potência e agilidade para mulheres.

Bons treinos a todas! Sucesso!

Referências

ABIGAIL, E. *Treinamento do Core*: anatomia ilustrada. São Paulo: Manole, 2012.

ADAMS, K. et al. The effect of six weeks of squat, plyometrics and squat-plyometric training on power production. *J. Appl. Sport Sci.*, v. 6, n.1, p. 36-41, 1992.

AMERICAN COLLEGE OF SPORTS MEDICINE. *ACSM's Guidelines for Exercise Testing and Prescription*. 7. ed. Philadelphia: Lippincott Williams & Wilkins, 2006.

BACURAU, R. F. et al. *Hipertrofia, hiperplasia*. São Paulo: Phorte, 2001.

BADILLO, J. J. G.; AYESTARÁN, E. G. *Fundamentos do treinamento de força*: aplicação ao alto rendimento desportivo. 2. ed. São Paulo: Artmed, 2001.

BARTHOLOMEW, S. A. *Plyometric and vertical jump training*. Masters thesi's. Chapel Hill: University of North Carolina, 1985.

BASSET, D. R.; HOWLEY, E. T. Limiting factors for maximum oxygen uptake and determinants of endurance performance. *Medicine & Science in Sports & Exercise*, v. 32, n. 1, p. 70-84, 1999.

BEHM, D. G. et al. The use of instability to train the core musculature. *Appl. Physiol. Nutr. Metab.*, v. 35, n. 1, p. 91-108, 2010.

BELLEMARE, F. et al. Motor-unit discharge rates in maximal voluntary contractions of three human muscles. *J. Neurophysiol.*, v. 50, p. 1380-92, 1983.

BELLOMO, D. *Kettlebell training for athletes*: develop explosive power and strength for martial arts, football, basketball, and other sports. New York: McGraw-Hill, 2010.

BILLETER, R.; HOPPERLER, H. Muscular basis of strength. In: Komi, P. (Ed.). *Strength and power in sport*. London: Blackwell, 1992. p. 39-63.

BLATTNER, S. E.; NOBLE, L. Relative effects of isokinetic and plyometric training on vertical jumping performance. *Research Quarterly*, v. 50, n. 4, p. 583-8, 1979.

BOLING, M. C. et al. A prospective investigation of biomechanical risk factors for patellofemoral pain syndrome: the joint undertaking to monitor and prevent ACL injury (JUMP-ACL) cohort. *Am. J. Sports Med.*, v. 37, n. 11, p. 2108-16, Nov. 2009.

BOMPA, T. O. *Treinamento de potência para o esporte*. São Paulo: Phorte, 2004.

BOSCO, C. et al. Considerations of the training of elastic potential of human skeletal muscle. *Volleyball Tech J.*, v. 1, p. 75-80, 1982.

BOSSI, L. C. *Musculação para o basquetebol*. Rio de Janeiro: Sprint, 2005.

_____. *Musculação para o voleibol*. São Paulo: Phorte, 2009.

_____. *Periodização na musculação*. 2. ed. São Paulo: Phorte, 2011.

_____. *Ensinando musculação*. 4. ed. São Paulo: Ícone, 2012.

_____. *Treinamento funcional na musculação*. 2. ed. São Paulo: Phorte, 2013.

BOUDREAU, S. N. et al. Hip-muscle activation during the lunge, single-leg squat, and step-up-and-over exercises. *J. Sport Rehabil.*, v. 18, n. 1, p. 91-103, Feb. 2009.

BOUTCHER, S. H. High-intensity intermittent exercise and fat loss. *J. Obes.*, v. 2011, Nov. 2010.

BOYLE, M. *Functional training for sports*. Champaign (IL): Human Kinetics, 2004.

BROOKS, L. *Kettlebells for women*. United States: Ulysses Press, 2012.

BRUMITT, J. et al. Incorporating kettlebells into a lower extremity sports rehabilitation program. *N. Am. J. Sports Phys. Ther.*, v. 5, n. 4, p. 257-65, Dec. 2010.

Campos, G. E. R. et al. Muscular adaptations in response to three different resistance-training regimens: specificity of repetition maximum training zones. *Eur. J. Appl. Physiol.*, v. 88, p. 50-60, 2002.

Caterisano, A. et al. The effect of back squat depth on the EMG activity of 4 superficial hip and thigh muscles. *J. Strength Cond. Res.*, v. 16, n. 3, p. 428-32, Aug. 2002.

Cavanagh, P. R.; Komi, P. V. Electromechanical delay in human skeletal muscle under concentric and eccentric contrains. *Eur. J. Appl. Physiol.*, v. 42, n. 3, p. 159-63, 1979.

Chapman, D. W. et al. Greater muscle damage induced by fast versus slow velocity eccentric exercise. *Int. J. Sports Med.*, v. 27, n. 8, p. 591-8, 2006.

Chiu, L. Z. F. Barbells, dumbbells, and kettlebells. *NSCA*, Colorado Springs, 28 Aug. 2007. Disponível em: <http://www.kettlebellscience.com/uploads/4/8/5/9/4859004/barbells-dumbells-kettlebels.pdf>. Acesso em: 15 mar. 2012.

Clark, M. A. *Integrated core stabilization training*. Thousand Oaks (CA): The National Academy of Sports Medicine, 2001.

Cogley, R. M. Comparison of muscle activation using various hand positions during the push-up exercise. *J. Strength Cond. Res.*, v. 19, n. 3, p. 628-33, Aug. 2005.

Collins, P. *Kettlebell conditioning*. Maidenhead: Meyer & Meyer Sport, 2011.

Comfort, P.; Haigh, A.; Matthews, M. J. Are changes in maximal squat strength during preseason training reflected in changes in sprint performance in rugby league players? *J. Strength Cond. Res.*, v. 26, n. 3, p. 772-6, Mar. 2012.

Comfort, P.; Pearson, S. J.; Mather, D. An electromyographical comparison of trunk muscle activity during isometric trunk and dynamic strengthening exercises. *J. Strength Cond. Res.*, v. 25, n. 1, p. 149-54, Jan. 2011.

Crampes, F. et al. Effect of physical training in humans on the response of isolated fat cells to epinephrine. *J. Appl. Physiol.*, v. 61, n. 1, p. 25-9, 1986.

D'Elia, L. *Guia completo de treinamento funcional*. São Paulo: Phorte, 2013.

Dantas, E. H. M. *A prática da preparação física*. 4. ed. Rio de Janeiro: Shape, 1998.

ENAMAIT, R. *Medicine ball training and then some combat power with medicine balls, dumbbells, sandbags, and more*. 2003. Disponível em: <http://eng.crossfitpraha.com/wp-content/uploads/2010/10/Ross-Enamait-.-Medicine-Ball-Training.pdf>. Acesso em: 27 maio 2013.

ESCAMILLA, R. F. Knee biomechanics of the dynamic squat exercise. *Med. Sci. Sports Exerc.*, v. 33, p. 127-141, 2001.

FAIGENBAUM, A.; MEDIATE, P. The effects of medicine ball training on physical fitness in high school physical education students. *The Physical Educator*, v. 63, p. 160-7, 2006.

FARRAR, R. E.; MAYHEW, J. L.; KOCH, A. J. Oxygen cost of kettlebell swings. *J. Strength Cond. Res.*, v. 24, p. 1034-6, Apr. 2010.

FERNÓCHIO, J.; BOSSI L. C. Comparativos entre medicine ball e halteres para mulheres adultas. Una comparación entre medicine ball y pesas para mujeres adultas. *EFDeportes.com*, Buenos Aires, ano 19, n. 192, maio 2014. Disponível em: <http://www.efdeportes.com/efd192/comparativos-entre-medicine-ball-e-halteres.htm>. Acesso em: 1 jun. 2014.

FLECK, S. J.; KRAMER, W. J. *Fundamentos do treinamento de força muscular*. 2. ed. Porto Alegre: Artmed, 2002.

FORTEZA, A. *Direcciones del entrenamiento deportivo*. Havana (CU): Ed. Científico-tecnico, 1999.

_____. *Entrenamiento deportivo, ciencia e innovación tecnológica*. Havana (CU): Ed. Científico-tecnico, 2001a.

_____. *Treinamento desportivo, carga, estrutura e planejamento*. São Paulo: Phorte, 2001b.

_____. La intensidad de los ciclos intermedios o meso ciclos. *Revista Digital*, Buenos Aires, ano 9, n. 66, nov. 2003. Disponível em: <http://www.efdeportes.com/efd66/mesoc.htm>. Acesso em: 01 abr. 2013.

_____. *Treinar para ganhar*. São Paulo: Phorte, 2004.

FUNG, B.; SHORE, S. Aerobic and anaerobic work during kettlebell exercise: a pilot study. *Med. Sci. Sports Exerc.*, v. 42, n. 5 (Supl), p. S588-89, Jun. 2010.

GENTIL, P. *Bases científicas do treinamento de hipertrofia*. Rio de Janeiro: Sprint, 2011.

GOLDENBERG, L.; TWIST, P. *Strength ball training*. Champaing: Human Kinetics, 2007.

_____. *Treinamento de força com bola*. 2. ed. São Paulo: Manole, 2010.

GOMES, A. C. *Treinamento desportivo*: estruturação e periodização. Porto Alegre: Artmed, 2002.

GOMES, A. C.; ARAÚJO FILHO, N. P. *Cross training*: uma abordagem metodológica. Londrina: CID, 1995.

GREEN, H. J. et al. Exercise induced fibre transitions with regard to myosin, parvaalbimin and sarcoplasmic reticulum in muscle of the rat. *Pflut. Arch.*, v. 400, p. 432-8, 1984.

GUEDES JR., D. P. *Personal training na musculação*. Rio de Janeiro: NP, 1997.

HAKKINEN, K. Training and detraining adaptations in electromyographic, muscle fibre, and force production characteristics of human leg extensor muscles with special reference to prolonged heavy resistance and explosive type strength training studies in sport. *Physical Education and Health*, v. 106, 1986.

HALL, S. *Biomecânica básica*. Rio de Janeiro: Guanabara Koogan, 1993.

HOFFMAN, J. R. et al. Influence of muscle oxygenation during resistance exercise on the anabolic hormonal response. *Med. Sci. Sports Exerc.*, v. 35, p. 1929-34, 2003.

HOFFMAN, J. R. et al. Comparison between different off-season resistance training programs in Division III American college football players. *J. Strength Cond. Res.*, v. 23, n. 1, p 11-9, Jan. 2009.

ISEAR, J. A.; ERICKSON, J. C.; WORRELL, T. W. EMG analysis of lower extremity muscle recruitment patterns during an unloaded squat. *Med. Sci. Sports Exerc.*, v. 29, p. 532-9, 1997.

KADI, F. Adaptacion of human skeletal muscle to training and anabolic steroids. *Acta Physiologica Scandinavica*, v. 168 (supl), n. 646, p. 1-52, 2000.

KARTHIK, K. et al. Extensor Pollicis Brevis tendon damage presenting as de Quervain's disease following kettlebell training. *BMC Sports Sci. Med. Rehabil.*, v. 3, n. 5, p. 13, Jun. 2013.

KELL, R. T.; ASMUNDSON, G. J. G. A comparison of two forms of periodized exercise rehabilitation programs in the management of chronic nonspecific low-back pain. *J. Strength Cond. Res.*, v. 23, n. 2, p. 513-23, Mar. 2009.

KELLEHER, A. R.; HACKNEY, K. J.; FAIRCHILD, T. J. The metabolic costs of reciprocal supersets vs. traditional resistance exercise in young recreationally active adults. *J. Strength Cond. Res.*, v. 24, n. 4, p. 1043-51, Apr. 2010.

KEOGH, J. W. L. et al. Can common measures of core stability distinguish performance in a shoulder pressing task under stable and unstable conditions? *J. Strength Cond. Res.*, v. 24, n. 2, p. 422-9, 2010.

KOLBER, M. J. et al. shoulder injuries attributed to resistance training: a brief review. *J. Strength Cond. Res.*, v. 24, n. 6, p. 1696-704, Jun. 2010.

KOMI, P. V. *Força e potência no esporte*. 2. ed. Porto Alegre: Artmed, 2006.

KOMI, P. V.; KARLSSON J. Skeletal muscle fiber types, enzyme activities and physical performance in young males and females. *Acta Physiologica Scandinavica*, v. 103, p. 210, 1978.

Lake, J. P.; LAUDER, M. A. Kettlebell swing training improves maximal and explosive strength. *J. Strength Cond. Res.*, v. 26, n. 8, p. 2228-33, Aug. 2012.

LANIER, A. B.; BISHOP, E.; COLLINS, M. A. Energy cost of a basic kettlebell training protocol [abstract]. *Med. Sci. Sports Exerc.*, v. 37, n. 5, p. 51, 2005.

LOCKIE, R. G. et al. The effects of different speed training protocols on sprint acceleration kinematics and muscle strength and power in field sport athletes. *J. Strength Cond. Res.*, v. 26, n. 6, p. 1539-50, Jun. 2012.

LORENZO, S. et al. Heat acclimation improves exercise performance. *J. Appl. Physiol.*, v. 109, n. 4, p. 1140-7, out. 2010.

MCBRIDE, J. Relationship between maximal squat strength and five, ten, and forty yard sprint. *J. Strength Cond. Res.*, v. 23, p. 1633-6, Sep. 2009.

McCurdy, K.; LANGFORD, G. The relationship between maximum unilateral squat strength and balance in young adult men and women. *J. Sports Sci. Med.*, v. 5, p. 282-8, 2006.

MCGILL, S. M. et al. Comparison of different strongman events: trunk muscle activation and lumbar spine motion, load, and stiffness. *J. Strength Cond. Res.*, v. 23, n. 4, p. 1148-61, Jul. 2009.

MCGILL, S. M; MARSHALL, L. W. Kettlebell swing, snatch, and bottoms-up carry: back and hip muscle activation, motion, and low back loads. *J. Strength Cond. Res.*, v. 26, n. 1, p. 16-27, Jan. 2012.

McGinnis, P. M. *Biomecânica do esporte e exercício*. Porto Alegre: Artmed, 1999.

McNeely, E.; Sandler, D. *Power Plyometrics*: the complete program. Maidenhead: Meyer & Meyer Sport, 2006.

Monteiro, A.; Evangelista, A. *Treinamento funcional* – uma abordagem prática. São Paulo: Phorte, 2010.

Monteiro, A.; Lopes, C. *Periodização esportiva*. São Paulo: AG, 2009.

Morton, S. K.; Whitehead, J. R.; Brinkert, R. H. Resistance Training vs. Static Stretching: Effects on Flexibility and Strength. *J. Strength Cond. Res.*, v. 25, n. 12, p. 3391-3398, Dec. 2011.

Neme, B. I.; Lopes, C. R. *Fisiologia do treinamento desportivo*. São Paulo: Phorte, 2011.

Nevill, M. E. et al. Growth hormone responses to treadmill sprinting in sprint-and endurance-trained athletes. *Eur. J. Appl. Physiol. Occup. Physiol.*, v. 72, n. 5-6, p. 460-7, 1996.

Oliveira, A. *Comparativo entre kettlebells com halteres para mulheres adultas*. 2013. 34 f. Trabalho de Conclusão de Curso (Graduação) – Faculdade de Educação Física, Centro Universitário Faculdades Associadas de Ensino, São João da Boa Vista, 2013.

Parchmann, C. J.; McBride, J. M. Relationship between functional movement screenand athletic performance. *J. Strength Cond. Res.*, v. 25, n. 12, p. 3378-84, Dec. 2011.

Pette, D.; Staron, R. S. Cellular and molecular diversities of mammalian skeletal muscle fibers. Review of Physiology. *Biochemistry and Pharmacology*, v. 116, p. 275, 1990.

Polhemus, R. Plyometric training for the improvement of athletic ability. *Scholastic Coach*, v. 51, p. 68-69, 1981.

Randolph, D. *The ultimate kettlebells workbook*: the revolutionary program to tone, sculpt. California (USA): Ulysses Press, 2011.

Rebuffé-Scrive, M. et al. Metabolism of adipose tissue in intraabdominal depots of nonobese men and women. *Metabolism*, v. 38, n. 5, p.453-8, 1989.

ROBBINS, D. W.; MARSHALL, P. W. M.; MCEWEN, M. The effect of training volume on lower-body strength. *J. Strength Cond. Res.*, v. 26, n. 1, p. 34-9, Jan. 2012.

SALE, D. G. Neural adaptation to strength training. In: Komi, P. (Ed.). *Strength and power in sport*. London: Blackwell, 1992. p. 249-66.

SANTARÉM, J. M. *Musculação*: princípios atualizados, fisiologia, treinamento, nutrição. São Paulo: Fitness Brasil, 1995.

SHAW, K. et al. Exercise for overweight or obesity. *Cochrane Database Syst. Rev.*, v. 18, n. 4, p. CD003817, Oct. 2006.

SHELBURNE, K. B.; PANDY, M. G. Determinants of cruciate-ligament loading during rehabilitation exercise. *Clin Biomech* (Bristol, Avon), v. 13, p. 403-13, 1998.

SIMÃO, R. *Saiba tudo sobre hipertrofia*. Rio de Janeiro: Shape, 2007.

SOUSA, W. B.; ROGATTO, G. P. A influência do exercício resistido realizado em máquina e com pesos livres sobre a fadiga muscular. Revista Digital, Buenos Aires, ano 12, n. 113, Oct. 2007. Disponível em: <http://www.efdeportes.com/efd113/fadiga-muscular.htm>. Acesso em: 30 mar. 2013.

SPRING, H. et al. *Força muscular*: teoria e prática. São Paulo: Santos, 1995.

STOPPANI, J. *Enciclopédia de musculação e força*. Porto Alegre: Artmed, 2008.

TEIXEIRA, P. J. et al. Pretreatment predictors of attrition and successful weight management in women. *Int. J. Obes. Relat. Metab. Disord.*, v. 28, n. 9, p. 1124-33, 2004.

TORRES, G. *Comparativo entre medicine ball e halteres para homens adultos*. 2013. 46 f. Trabalho de Conclusão de Curso (Graduação) – Faculdade de Educação Física, Centro Universitário Faculdades Associadas de Ensino, São João da Boa Vista, 2013.

TSATSOULINE, P. *Pavel's kettlebell workout for a femme fatale*. United States: Dragon Door Publications, 2002.

_____. *The russian kettlebell challenge*: xtreme fitness for hard living comrades. United States: Dragon Door Publications, 2001.

UCHIDA, M. C. et al. *Manual de musculação*. São Paulo: Phorte, 2002.

VERKHOSHANSKI, Y. V. *Força*: treinamento da potência muscular. Londrina: CID, 1996.

WEISS, L. W. et al. Comparative effects of deep versus shallow squat and leg--press training on vertical jumping ability and related factors. *J. Strength Cond. Res.*, v. 14, p. 241-7, 2000.

WHYTE, L. J.; GILL, J. M.; CATHCART, A. J. Effect of 2 weeks of sprint interval training on health-related outcomes in sedentary overweight/obese men. *Metabolism.*, v. 59, n. 10, p. 1421-8, 2010.

WU, T. et al. Long-term effectiveness of diet-plus-exercise interventions vs. diet-only interventions for weight loss: a meta-analysis. Obesity Reviews, v. 10, n. 3, p. 313-23, 2009.

YESSIS, M. *Kinesiology of exercise*. Indianapolis: Master, 1992.

ZATSIORSKY, V. M. *Biomecânica no esporte*. Rio de Janeiro: Guanabara Koogan, 2004.

ZEHR, E. P.; SALE, D. G. Ballistic movement: motor control and muscle activation. *Can. J. Appl. Physiol.*, v. 19, p. 363-78, 1994.

ZHENG, N. et al. An analytical model of the knee for estimation of internal forces during exercise. *J. Biomech.*, v. 31, p. 963-67, 1998.

Sobre o Livro
Formato: 16 x 23 cm
Mancha: 10,8 x 18 cm
Papel: Offset 90 g
nº páginas: 176
Tiragem: 2.000 exemplares
1ª edição: 2014

Este livro segue o novo Acordo Ortográfico da Língua Portuguesa

Equipe de Realização
Assistência Editorial
Liris Tribuzzi

Assessoria Editorial
Maria Apparecida F. M. Bussolotti

Edição de Texto
Gerson Silva (Supervisão de revisão)
Ronaldo Galvão (Preparação do original e copidesque)
Márcio dos Anjos e Gabriela Teixeira (Revisão)

Editoração eletrônica
Neili Dal Rovere (Projeto gráfico, capa e diagramação)
Vanessa Dal, Douglas Docelino, Évelin Kovaliauskas Custódia e
Ricardo Howards (Tratamento de imagens)

Fotografia
Ana Luíza L. Ferreira, Verônica L. Rosário e Luíza Helena D. Bossi (Modelos)
Arquivo pessoal do autor
y3s0rn0 e holbox | shutterstock (fotos de capa)

Impressão
Arvato Bertelsmann